Weiterführend empfehlen wir:

Verbraucherinsolvenz: Erfolgreiche Schuldbefreiung
ISBN 978-3-8029-3757-6

Wachstumsstrategien für Solo- und Kleinunternehmer
ISBN 978-3-8029-3813-9

Kurswechsel im Beruf
ISBN 978-3-8029-3386-8

BGB – Bürgerliches Gesetzbuch
ISBN 978-3-8029-7418-2

Steuergesetze
ISBN 978-3-8029-3266-3

Der aktuelle Steuerratgeber 2010/2011
ISBN 978-3-8029-3281-6

Weitere Titel unter: www.WALHALLA.de

E-Mail: WALHALLA@WALHALLA.de
http://www.WALHALLA.de

Walhalla Fachverlag · Haus an der Eisernen Brücke · 93042 Regensburg
Telefon (09 41) 56 84-0 · Telefax (09 41) 56 84-111

Jörg Wilde

Schnellkurs Existenzgründung im Internet

Rechtssicher kaufen und verkaufen
Ärger mit dem Finanzamt vermeiden

WALHALLA
FACHVERLAG

Bibliografische Information der Deutschen Nationalbibliothek

Die Deutsche Nationalbibliothek verzeichnet diese Publikation in der Deutschen Nationalbibliografie; detaillierte bibliografische Daten sind im Internet über http://dnb.d-nb.de abrufbar.

Zitiervorschlag:
Jörg Wilde, Schnellkurs Existenzgründung im Internet
Walhalla Fachverlag, Regensburg 2011

Hinweis: Unsere Werke sind stets bemüht, Sie nach bestem Wissen zu informieren. Die vorliegende Ausgabe beruht auf dem Stand von Januar 2011. Verbindliche Auskünfte holen Sie gegebenenfalls bei einem Rechtsanwalt ein.

Produktion: Walhalla Fachverlag, 93042 Regensburg
Umschlaggestaltung: grubergrafik, Augsburg
Druck und Bindung: Westermann Druck Zwickau GmbH
Printed in Germany
ISBN 978-3-8029-3842-9

Schnellübersicht

Warenhandel im Internet – aber nicht ohne Vorbereitung!

Das Internet bietet heute scheinbar unbegrenzte Möglichkeiten in allen Bereichen. Dazu zählt auch der Handel mit Waren. Mit der Gründung zahlreicher Internetauktionsplattformen ist der Warenhandel im Internet regelrecht aufgeblüht und schafft jedem die Möglichkeit, auch ohne große Kapitalinvestitionen als Händler auf diesem Markt mitzuwirken.

Häufig bleibt jedoch die Kehrseite mit den zahlreichen vertraglichen und steuerrechtlichen Verpflichtungen, die mit Verkäufen im Internet einhergehen, außer Acht. Schnell werden unerwartet Rechte anderer Personen verletzt und Abmahnungen drohen.

Doch wann wird das Urheberrecht verletzt? Welche Unterlagen benötigt das Finanzamt? Wie wird die Buchführung einwandfrei erstellt? Welche Kriterien hat eine Rechnung zu erfüllen?

Diese und weitere Fragen gilt es zu beantworten sowie Fallstricke bei der Existenzgründung aufzudecken, um nicht von Dritten unnötig zur Kasse gebeten zu werden.

Dieser Fachratgeber befasst sich ausschließlich mit dem Handel von Waren im Internet und den wichtigsten Rechtsgebieten, die in direkter Verbindung mit dieser Tätigkeit stehen. Dennoch betreffen viele Themengebiete auch den Handel außerhalb des Internets.

Jörg Wilde

1

Abkürzungen

Abs.	Absatz
AfA	Abschreibung für Abnutzung
AG	Amtsgericht
AGB	Allgemeine Geschäftsbedingungen
AO	Abgabenordnung
Art.	Artikel
Az.	Aktenzeichen
BGB	Bürgerliches Gesetzbuch
EGBGB	Einführungsgesetz zum BGB
BGB-InfoV	Verordnung Informations- und Nachweispflichten BGB
BGH	Bundesgerichtshof
BZSt	Bundeszentralamt für Steuern
EStG	Einkommensteuergesetz
EStR	Einkommensteuer-Richtlinie
GewStG	Gewerbesteuergesetz
GG	Grundgesetz
GoBS	Grundsätze der ordnungsgemäßen elektronischen Buchführung
HGB	Handelsgesetzbuch
KunstUrhG	Kunsturhebergesetz
LG	Landgericht
MarkenG	Markengesetz
OLG	Oberlandesgericht
PAngV	Preisangabenverordnung
SigG	Signaturgesetz
TDG	Teledienstegesetz
TMG	Telemediengesetz
UrhG	Urhebergesetz
USt	Umsatzsteuer
UStAE	Umsatzsteuer-Anwendungserlass
UStDv	Umsatzsteuer-Durchführungsverordnung
UStG	Umsatzsteuergesetz
USt-IdNr.	Umsatzsteuer-Identifikationsnummer
VSt	Vorsteuer
zzgl.	zuzüglich

Online-Kaufverträge

2

Grundsätzliches

Unabhängig vom Einstieg in den Internethandel sollten einige kaufmännische Begriffe bekannt sein, insbesondere hinsichtlich des Vertragsrechts. Hinzu kommen noch einige Besonderheiten, die sich aus den Abläufen mit dem Internet ergeben.

An den erfolgreichen Abschluss eines wirksamen Kaufvertrags ist die Erfüllung zahlreicher Informationspflichten und Bedingungen geknüpft. Dabei handelt es sich um Willenserklärungen, allgemeine Geschäftsbedingungen, Widerspruchs- und Rücktrittsrechte sowie weitere Informationen zu den Rechten und Pflichten des Unternehmers und Verbrauchers.

Bestandteile eines wirksamen Online-Kaufvertrags

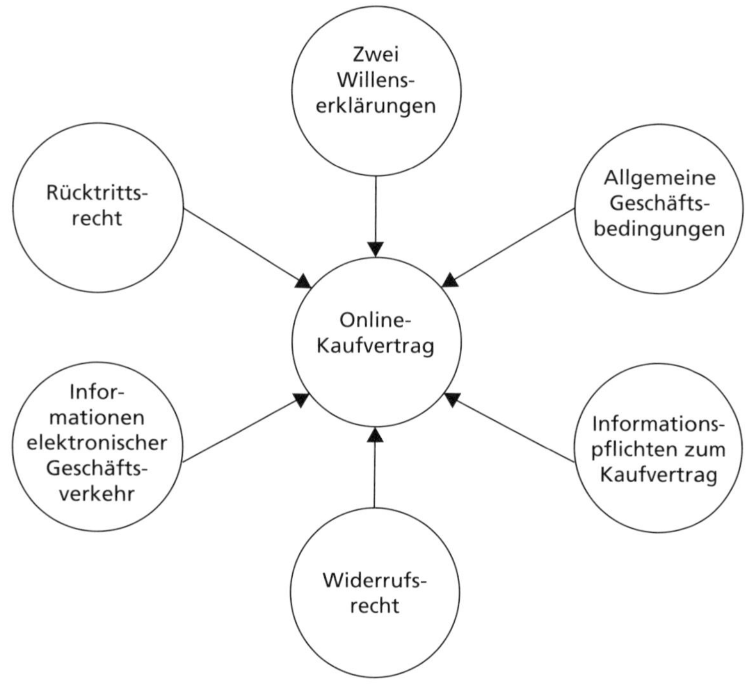

Verbraucher oder Unternehmer?

Das BGB weist unterschiedlichen Personen oder Personengruppen unterschiedliche Rechte zu. In diesem Zusammenhang wird immer vom Verbraucher und Unternehmer gesprochen. Die §§ 13 und 14 BGB geben hierzu eine genaue Erläuterung.

Ein Verbraucher ist jede natürliche Person, die ein Rechtsgeschäft zu einem Zweck abschließt, der weder ihrer gewerblichen noch ihrer selbstständigen beruflichen Tätigkeit zugerechnet werden kann. Die Waren oder Dienstleistungen müssen zum privaten Gebrauch erworben werden.

Ein Unternehmer ist eine natürliche oder juristische Person, die eine Ware oder Dienstleistung für ihr Unternehmen einkauft. Gleiches gilt auch für den Verkauf von Waren und Dienstleistungen. Bedingung ist, dass dies im Rahmen der gewerblichen oder selbstständigen Tätigkeit geschieht.

Ein Unternehmer kann im Rahmen eines Rechtsgeschäfts sowohl als Unternehmer wie auch als Verbraucher auftreten. Dies ist der Fall, wenn Waren oder Dienstleistungen eingekauft werden, die zum einen der betrieblichen, zum anderen der privaten Vermögensebene zuzuordnen sind.

Beispiel:

Frau Müller bestellt bei dem Computerhändler Heinz Netz zwei Laptops. Eines der Laptops soll zum Betreiben ihres Online-Shops dienen, der andere Laptop soll ein Geschenk für ihren Sohn sein, der einige Tage später Geburtstag hat.

Frau Müller tritt bei dem Kauf der Laptops sowohl als Unternehmerin als auch als Verbraucherin auf.

Hat ein Kunde den Status eines Verbrauchers, gelten für ihn alle Verbraucherschutzregeln. Dies gilt insbesondere für Geschäfte im Internet.

Wie kommt ein Online-Kaufvertrag zustande?

Die Willenserklärung

Damit ein Kaufvertrag zustande kommt, bedarf es zweier Willenserklärungen: zum einen die des Käufers, dass er die Sache kaufen möchte, zum anderen des Verkäufers, dass er die Sache an den Käufer veräußern will. Eine Willenserklärung kann mündlich, schriftlich oder nur durch ein Verhalten (konkludent) abgegeben werden.

Bei einem Online-Handel stehen sich Käufer und Verkäufer nicht gegenüber. Das bedeutet, dass die Willenserklärungen nur schriftlich abgegeben werden kann. Dies kann erfolgen:

- per Mausklick
- per E-Mail

Wie kann per Mausklick eine Willenserklärung abgeben werden? Mit den technischen Möglichkeiten des Internets lässt sich dies leicht realisieren, indem auf der Webseite des Online-Shops mit einem Link *„Bestellung absenden"* ein Bestellvorgang ausgelöst wird. Jeder Online-Shop mit der Option, Waren in einen Warenkorb abzulegen, muss über eine solche Einrichtung verfügen. Ansonsten wäre die Funktion des Warenkorbs nutzlos.

Besteht auf der Webseite keine Warenkorb-, sondern beispielsweise nur eine Kontaktfunktion, kann die Willenserklärung grundsätzlich nur per E-Mail abgeben werden. Diese gilt als wirksam, sobald sie auf dem Server des Empfängers eingegangen ist. Ist der Empfänger ein Unternehmer, gilt die Willenserklärung im Rahmen der Geschäftszeiten des Unternehmers als zugegangen. Trifft die E-Mail außerhalb der Geschäftszeiten ein, zählt als Zugangstag stets der Beginn des nächsten Arbeitstages.

Wie bereits erwähnt, kommt ein Kaufvertrag durch zwei übereinstimmende Willenserklärungen zustande. Dabei handelt es sich um das Angebot (im BGB meist als Antrag bezeichnet) und die Annahme. Ein Angebot wird nur als echtes Angebot angesehen, wenn bei der Abgabe bereits alle für einen Vertragsabschluss erforderlichen Bestandteile genannt werden. Weiterhin muss die Person, die das Angebot abgibt, auch an ihre Willenserklärung gebunden sein.

Zustandekommen eines Vertrages

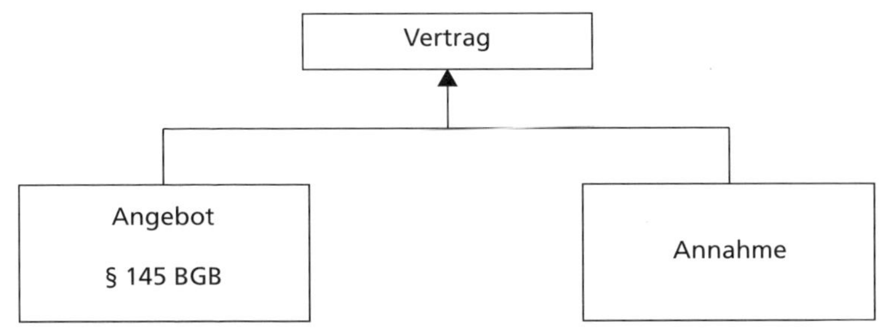

Wirksames, „echtes" Angebot

Die erforderlichen Bestandteile eines Vertrages können unterschiedlich sein. Im Zusammenhang mit einem Online-Shop werden in aller Regel nur Kaufverträge abgeschlossen. Dabei reicht es aus, wenn das Angebot die Kaufsache bezeichnet und den Kaufpreis benennt. Ist das Angebot so formuliert, dass der Vertragspartner nur noch mit „Ja" oder „Nein" antworten muss, um den Vertrag zu schließen, kann man von einem echten Angebot sprechen. Neben dem Kaufpreis und der Kaufsache muss das Angebot noch den sogenannten Rechtsbindungswillen enthalten, das heißt, dass der Vertragspartner erkennen muss, was der Abgebende von ihm will.

Beispiel:

Der Online-Galerist Dieter Bild stellt auf seiner Webseite einige Kunstwerke aus. Der Kunstliebhaber Peter Jung findet Gefallen an einem der Kunstwerke und möchte es erwerben. Über die Kontakteinrichtung der Webseite macht er dem Online-Galeristen folgendes Angebot: „Ich möchte das Bild ‚Mädchen im Sommerkleid' gerne erwerben. Als Kaufpreis biete ich 2.500 EUR."

Herr Bild erhält per E-Mail ein wirksames echtes Angebot. Herr Jung hat den Kaufpreis und die Kaufsache klar bezeichnet. Zudem hat er mit der Aussage, dass er das Bild erwerben will, seinen Rechtsbindungswillen erkennbar dargestellt. Die Entscheidung liegt nun bei Herrn Bild. Er kann durch ein einfaches „Ja" oder „Nein" das Angebot annehmen oder ablehnen.

Wichtig: Wird ein echtes Angebot abgegeben, ist der Antragende an sein Angebot gebunden (§ 145 BGB).

Anbieter und Annehmender kann bei einem Rechtsgeschäft jeder sein. Gemeint ist, dass der Verbraucher genauso ein Angebot abgeben wie auch ein Angebot erhalten kann. Dies trifft ebenso auf Unternehmer zu. Maßgeblich ist immer das Handeln.

Hier stellt sich nun die Frage, ob ein Online-Shop-Betreiber oder sonstige Darstellungen von Waren bereits ein Angebot im Sinne des § 145 BGB darstellen? Dem ist nicht so. Eine Webseite mit entsprechenden Warenpräsentationen ist kein Angebot im Sinne des § 145 BGB. Vielmehr handelt es sich um eine Aufforderung zur Abgabe eines Angebots. Für ein wirksames Angebot fehlt es hier am Rechtsbindungswillen des Verkäufers.

Auch bei Werbung handelt es sich nicht um ein Angebot, da es am Rechtsbindungswillen des Werbenden fehlt. Dies gilt auch, wenn die in der Werbung nicht unüblichen Begriffe wie „Sonderangebot" oder „Tagesangebot" verwendet werden. Demzufolge ist auch die Werbung nur als Aufforderung zur Abgabe eines Angebots anzusehen.

Wird ein wirksames Angebot abgegeben, ist man an dieses gebunden. Dies gilt aber nicht unbefristet. Stehen sich die beiden Vertragspartner gegenüber, gilt das Angebot nur während der Dauer des Gesprächs.

Beispiel:

Ein Kunde betritt ein Ladenlokal und möchte dort einen Gegenstand erwerben. Allerdings möchte er nicht den aufgezeichneten Preis, sondern wesentlich weniger bezahlen. Er bietet dem Verkäufer an, den Gegenstand für einen geringeren Preis zu kaufen. Der Verkäufer lehnt ab und der Kunde verlässt den Laden.

Der Kunde hat dem Verkäufer ein wirksames Angebot unterbreitet. Der Verkäufer hat dieses abgelehnt. Nach der Ablehnung ist der Käufer nicht mehr weiter an sein Angebot gebunden.

Im Internet stehen sich Käufer und Verkäufer in der Regel nicht direkt gegenüber, sondern kommunizieren über das elektronische

Medium. In diesem Fall ist der Abgebende solange an sein Angebot gebunden, wie er unter regelmäßigen Umständen eine Antwort des anderen Vertragspartners erwarten kann.

Die Länge der regelmäßigen Umstände hängt stets davon ab, was Gegenstand des Vertrags ist und wie das Angebot übermittelt wurde. Handelt es sich beispielsweise um eine komplizierte Berechnung im Zusammenhang mit dem Gegenstand, kann nicht erwartet werden, dass der andere Vertragspartner innerhalb von zwei Tagen auf das Angebot reagiert. Bei einem Online-Handel, bei dem Angebote regelmäßig per E-Mail abgegeben werden, ist mit einer Reaktion innerhalb von fünf Arbeitstagen zu rechnen. Nur solange ist man an das abgegebene Angebot gebunden.

Befristung des Angebots

Ein Angebot kann auch befristet werden (§ 148 BGB). Wird eine solche Ablauffrist gesetzt, ist man auch nur bis zum Ablauf der Frist an sein Angebot gebunden.

Wird das Angebot dennoch, aber verspätet angenommen, so ist der Anbieter nicht mehr an dieses gebunden (§ 150 Abs. 1 BGB). Die verspätete Annahme stellt ein neues Angebot, diesmal aber vom eigentlichen Annehmenden dar. Das gilt auch, wenn der Annehmende das Angebot zwar annimmt, den Inhalt aber ändert (§ 150 Abs. 2 BGB).

Beispiel:

Der Inhaber der Online-Galerie Dieter Bild erhält per E-Mail ein Kaufangebot für das Bild „Die Mühle". Im Angebot schlägt der Kunde einen Kaufpreis in Höhe von 1.500 EUR vor. Dieter Bild beantwortet die E-Mail und teilt dem Kunden mit, dass er das Angebot zu einem Kaufpreis von 1.700 EUR annehme.

Das Angebot des Kunden gilt nicht als angenommen, da Dieter Bild die Bedingungen des Angebots geändert hat. Der Kunde ist nicht mehr an sein Angebot gebunden. Es liegt nun ein neues Angebot von Dieter Bild zum Preis von 1.700 EUR vor.

Annahme des Angebots

Die Annahme eines Angebots durch eine schriftliche Mitteilung ist nicht immer erforderlich. Ein Angebot ohne Erklärung des Annehmenden gilt auch als angenommen, wenn es nach der Verkehrssitte nicht zu erwarten wäre oder der Antragende auf die Annahmeerklärung verzichtet hat (§ 151 Satz 1 BGB).

Gerade im Online-Handel kommt § 151 BGB häufig zur Anwendung. Der Kunde gibt in der Regel ein Angebot ab, der Online-Händler nimmt das Angebot durch Übersendung der Ware an. Daraus folgt, dass ein Online-Händler mindestens zwei Möglichkeiten zur Annahme eines Angebots hat: Entweder er nimmt das Angebot nach dessen Eingang per E-Mail-Bestätigung oder durch Übersendung der Ware an den Kunden an.

Für den normalen Online-Handel ist es nicht erforderlich, einen Vertrag schriftlich abzuschließen. § 126 BGB fordert eine Schriftform nur in Ausnahmefällen. Es handelt sich hierbei vor allem um Verträge, die erheblich mehr Konsequenzen nach sich ziehen als ein einfacher Kaufvertrag. Dazu zählen insbesondere Kredit- oder Bürgschaftsverträge.

Anfechtung

Wie bereits erwähnt, ist der Abgebende eines Angebots grundsätzlich an dieses gebunden. Hat er zum Beispiel ein Angebot für den Kauf von Waren abgegeben, muss er diese auch abnehmen, wenn der Verkäufer das Angebot annimmt. Doch was ist, wenn das Angebot einen Fehler enthält, der Abgebende ein Angebot irrtümlich auf einen anderen Artikel abgibt?

Beispiel:

Der Online-Kunde Peter Bär hat im Internet einen Posten T-Shirts gefunden. Bei der Abgabe des Angebots verschreibt Herr Bär sich bei der Artikelnummer. Dies führt dazu, dass Herr Bär statt der T-Shirts einen Posten Hosen ordert.

Nimmt der Online-Händler das Angebot an, müsste der Kunde grundsätzlich die Waren abnehmen.

Für solche Fälle hat der Gesetzgeber eine Anfechtungserklärung (§ 143 BGB) geregelt. Ist die Anfechtung wirksam, so ist das Rechtsgeschäft unwirksam. Eine Anfechtung ist unter folgenden Voraussetzungen wirksam:

- Es muss eine Anfechtungserklärung vorliegen.
- Es muss ein Anfechtungsgrund genannt sein.
- Die Anfechtung muss innerhalb einer bestimmten Frist erfolgen.

Die Anfechtungserklärung muss schriftlich abgegeben werden. Zwar muss das Wort „Anfechtung" nicht enthalten sein, jedoch muss bereits aus dem Schreiben hervorgehen, dass es sich um eine Anfechtung handelt.

Die Anfechtungserklärung ist mit einem Anfechtungsgrund zu versehen. Die bloße Mitteilung, dass man an seinem Angebot nicht festhalten möchte, reicht nicht aus. Anfechtungsgründe können insbesondere sein:

- ein Irrtum (§ 119 BGB)
- die falsche Übermittlung (§ 120 BGB)
- eine Täuschung oder Drohung

Irrtum

Ein Irrtum liegt vor, wenn in einem Angebot etwas erklärt wurde, was eigentlich nicht erklärt werden sollte. Voraussetzung ist, dass der Anfechter in Kenntnis der Sachlage und bei verständiger Würdigung des Falls das Angebot so nicht abgegeben hätte, etwa wenn man sich im Angebot verschrieben oder versprochen hat.

Ein Irrtum besteht auch dann, wenn der Anfechtende bei Vertragsabschluss über Eigenschaften der Person oder Sache im Irrtum war. Dies ist beispielsweise der Fall, wenn ein Gegenstand doch nicht die gewünschten Eigenschaften hat.

Falsche Übermittlung

Überbringt die übermittelnde Person die Nachricht fehlerhaft, liegt der Tatbestand der falschen Übermittlung vor. Dieser Fall kann beispielsweise bei der Überbringung per Boten eintreten. Wurde der Anbieter zur Abgabe des Angebots gezwungen oder über den Gegenstand arglistig getäuscht, liegt ebenfalls ein Anfechtungsgrund vor.

Die Anfechtung bei Irrtum oder falscher Übermittlung muss unmittelbar nach dem Entdecken erfolgen. Im Rahmen von Online-Geschäften bedeutet das, dass die Anfechtung spätestens nach dem

Zugang der Waren erfolgen muss. Spätestens zu diesem Zeitpunkt dürfte der Anfechtungsberechtigte entdeckt haben, dass etwas anderes geliefert wurde, als er eigentlich bestellen wollte.

Täuschung oder Drohung

Die Anfechtungsfrist bei Täuschungen oder Drohungen beträgt ein Jahr. Bei einer Täuschung beginnt der Lauf der Frist mit Entdeckung, handelt es sich um eine Drohung, mit dem Wegfall der Bedrohungslage.

Kosten der Anfechtung

Eine wirksame Anfechtung ist nicht kostenlos. Sind dem Vertragspartner Kosten entstanden, ist der Anfechtende zum Schadensersatz verpflichtet. Er muss dem Vertragspartner die entstandenen Kosten vollständig ersetzen.

Beispiel:

Im obigen Beispiel hatte der Online-Kunde Peter Bär aufgrund eines Schreibfehlers statt T-Shirts Hosen bestellt. Nun gehen wir davon aus, dass der Verkäufer die Waren bereits ausgeliefert hatte. Die Transportkosten betrugen 50 EUR. Peter Bär bemerkte den Bestellfehler beim Öffnen der angelieferten Kartons.

Aufgrund des Irrtums muss Peter Bär umgehend – eigentlich noch am selben Arbeitstag – schriftlich seine Anfechtungserklärung beim Verkäufer vorlegen. Als Anfechtungsgrund ist der Schreibfehler vorzubringen. Der Verkäufer muss die Ware zurücknehmen. Allerdings muss Peter Bär auch für die Transportkosten des Verkäufers von 50 EUR aufkommen.

Rechte und Pflichten

Der Kaufvertrag ist ein sogenanntes Verpflichtungsgeschäft. Das bedeutet, dass sich aus den beiden übereinstimmenden Willenserklärungen Rechte und Pflichten für Käufer und Verkäufer ergeben. Man unterscheidet hier zwischen den Haupt- und Nebenpflichten.

Die Hauptpflichten umschreiben in der Regel die Pflichten des Verkäufers gegenüber dem Käufer. Nach § 433 Abs. 1 BGB ist der Verkäufer dem Käufer gegenüber verpflichtet,

- die Sache zu übergeben und das Eigentum an dieser Sache zu verschaffen,
- die Sache ohne Sach- oder Rechtsmängel zu übergeben.

Nebenpflichten umschreiben mehr die Verpflichtungen des Käufers. Er ist verpflichtet,

- den vereinbarten Kaufpreis zu zahlen,
- die gekaufte Sache entgegenzunehmen.

Haupt- und Nebenpflichten können aber auch anders vereinbart werden, beispielsweise kann eine Nebenpflicht auch als Hauptpflicht oder können Nebenpflichten für den Verkäufer verabredet werden. Typische Nebenpflichten sind zum Beispiel Regelungen über die Kosten des Warenversands, Verpackung der Ware, Lieferung an andere Personen als den Käufer, Rückgabe der Verpackung.

Beispiel:

Jürgen Maus verkauft über seinen Online-Shop eine Porzellankanne an Helga Neumann zum Preis von 200 EUR. Frau Neumann verlangt von Herrn Maus, dass er die Kanne so verpackt, dass diese ohne Beschädigung bei ihr ankommt. Die Zusatzkosten hierfür will Frau Neumann übernehmen.

Aufgrund des Kaufvertrags übernehmen Herr Maus und Frau Neumann verschiedene Haupt- und Nebenpflichten. Als Hauptpflichten sind die Lieferung der Ware und die Verschaffung des Eigentums aufseiten von Herrn Maus sowie die Verpflichtung zur Zahlung des Kaufpreises und die Abnahme der Ware aufseiten von Frau Neumann zu sehen. Als Nebenleistung gelten die Vereinbarungen über die Art der Lieferung der Ware und die Verteilung der Transportkosten.

Bei Kaufabschlüssen über einen Online-Shop ist besonders an die Verpackung zu denken, wenn die Waren auf dem Postweg versandt werden. Welche Nebenpflichten letztendlich vereinbart werden, hängt immer vom Vertragstyp ab. Man kann sich somit nicht nach einem bestimmten Muster richten. So haben Kaufverträge andere Nebenpflichten als etwa Beratungsverträge.

Für den Online-Händler ist besonders wichtig, welche Nebenpflichten sich aus dem Fernabsatzvertrag oder aus dem elektronischen Geschäftsverkehr ergeben. Hier ist der Verkäufer nämlich verpflichtet, dem Käufer über einen Vielzahl von Umständen im Zusammenhang mit dem Kauf aufzuklären. Verstößt der Käufer oder Verkäufer gegen seine Nebenpflichten, können Schadensersatzansprüche geltend gemacht werden.

§ 448 BGB regelt übrigens die Nebenpflichten im Zusammenhang mit der Versendung oder dem Transport der Ware. Hiernach ist grundsätzlich der Käufer verpflichtet, die Kosten für die Versendung oder des Transports zu tragen. Eine Abweichung hiervon hat grundsätzlich nur dann eine rechtliche Wirkung, wenn diese beim Vertragsabschluss vereinbart wird.

Gewährleistung und Garantie

Im Zusammenhang mit der Veräußerung von Waren spricht man immer von Verbrauchsgütern. Mit diesem Begriff werden die beweglichen Sachen bezeichnet, die der Unternehmer an den Verbraucher liefert. Aus dieser Lieferung ergeben sich für den verkaufenden Unternehmer gegenüber dem Kunden einige Spezialvorschriften hinsichtlich von Mängeln bei der Lieferung.

Dem Käufer ist kraft Gesetzes eine Reihe von Gewährleistungsrechten zugeordnet, die jedoch nicht mit der Garantie zu verwechseln sind. Hier handelt es sich um zwei verschiedene Rechtsbegriffe. Gewährleistungsrechte sind gesetzlich geregelt und dürfen nicht zum Nachteil des Kunden ausgelegt werden. Garantien sind vom Verkäufer freiwillig gewährte Begünstigungen, die neben, parallel oder über die Gewährleistung hinaus gewährt werden.

Im Zusammenhang mit der Gewährleistung können folgende Mängel auftreten:

- Pflichten aus dem Kaufvertrag (§ 433 BGB)
- Sachmängel (§ 434 BGB)
- Rechtsmängel (§ 435 BGB)
- Beschaffenheits- und Haltbarkeitsgarantie (§ 443 BGB)

Die Mängel im Zusammenhang mit dem Kaufvertrag liegen, wie bereits dargestellt, immer dann vor, wenn der Käufer oder Verkäufer seine Haupt- und Nebenpflichten nicht oder nicht vollständig erfüllt.

Hat die Sache bei Übergang an den Kunden nicht die vereinbarte Beschaffenheit, besteht ein Sachmangel. Ist keine Beschaffenheit vereinbart, gelten spezielle Voraussetzungen für das Vorliegen eines Sachmangels.

Voraussetzungen für Sachmängel

- Die Sache ist nicht für die nach dem Vertrag vorausgesetzte Verwendung geeignet.
- Die Sache eignet sich nicht für die gewöhnliche Verwendung und weist keine Beschaffenheit auf, die bei der Sache gleicher Art üblich ist und die der Käufer nach der Art der Sache erwarten konnte.
- Der Verkäufer oder sein Erfüllungsgehilfe hat die Sache unsachgemäß montiert (auch bei falscher Montageanleitung).
- Der Verkäufer liefert die falsche Sache.
- Der Verkäufer liefert eine zu geringe Menge.

Von einem Rechtsmangel ist die Rede, wenn noch Rechte eines Dritten (nicht der Verkäufer) gegenüber dem Käufer an der Sache bestehen. Hierbei kann es sich etwa um Pfandrechte eines Dritten an der Sache handeln.

Hat der Verkäufer oder ein Dritter (z. B. Hersteller) eine Garantie für die Beschaffenheit oder die Haltbarkeit einer Sache übernommen, kann der Käufer aus dieser Garantie gesetzliche Ansprüche gegenüber dem Garantiegeber geltend machen.

Der Mangel muss bereits zum Zeitpunkt des Gefahrenübergangs an den Kunden vorhanden sein. Gefahrenübergang liegt regelmäßig vor, wenn die Ware an den Käufer übergeben wird. Problematisch ist hier immer der Sachverhalt, dass der Mangel erst später erkennbar wird, aber bereits schon unentdeckt zum Zeitpunkt des Gefahrenübergangs vorhanden war. Das Beweisproblem liegt dabei meist beim Käufer. Allerdings wird bei Verbrauchsgütern unterstellt, dass der Mangel schon vor dem Gefahrenübergang vorhanden war, wenn dieser innerhalb der ersten sechs Monate nach dem Gefahrenübergang auftritt (§ 476 BGB).

Ein vertraglicher Ausschluss von Gewährleistungsrechten ist im Zusammenhang mit dem Verkauf von Verbrauchsgütern nicht möglich (§ 475 Abs. 1 BGB). Einzig Ansprüche auf Schadensersatz können vom Unternehmer ausgeschlossen oder beschränkt werden. Die Verjährungsfristen zur Geltendmachung von Mängeln können für Verbrauchsgüter ebenfalls nicht ausgeschlossen werden. Sie betragen für neue Sachen mindestens zwei Jahre. Handelt es sich um gebrauchte Waren, darf die Verjährungsfrist nicht weniger als ein Jahr betragen (§ 475 Abs. 2 BGB).

Nacherfüllung

Liegen Sachmängel vor, hat der Kunde das Recht auf Nacherfüllung (§ 439 BGB). Der Kunde hat hierbei die Wahl zwischen der Beseitigung des Mangels und der Lieferung einer mangelfreien Sache. Der Verkäufer muss die notwendigen Kosten für die Nacherfüllung tragen. Das Recht auf Nacherfüllung findet seine Grenzen in der Unverhältnismäßigkeit. Sind die Aufwendungen unverhältnismäßig hoch, kann der Verkäufer die Nacherfüllung verweigern.

Rücktrittsrecht

Kann oder will man als Verkäufer die Nacherfüllung nicht vornehmen, kann der Käufer vom Kaufvertrag zurücktreten oder eine Minderung des Kaufpreises verlangen. Ein Rücktrittsrecht setzt voraus, dass dieses entweder gesetzlich oder vertraglich geregelt ist. Vertragliche Rücktrittsrechte sind frei regelbar, die meisten Rücktrittsrechte werden jedoch im BGB geregelt (§§ 323 und 326 Abs. 5 BGB). Hierbei handelt es sich im Wesentlichen um Rücktrittsrechte aufgrund von Nichtleistung, nicht vertragsgemäßen Leistungen oder unmöglicher Nacherfüllung. Der Rücktritt muss gegenüber dem Verkäufer erklärt werden. Ist der Rücktritt wirksam, ist der ursprüngliche Vertrag beendet.

Kaufpreisminderung

Will der Käufer die Sache trotz des Mangels behalten, ist eine Kaufpreisminderung möglich (§ 441 BGB). Die Vertragsparteien können sich frei über den Minderungsbetrag einigen. Ist dies nicht möglich, sieht § 441 Abs. 3 BGB eine gesetzliche Berechnungsmethode vor. Die Berechnung erfolgt nach folgender Formel:

$$\text{Geminderter Kaufpreis} = \frac{\text{vereinbarter Kaufpreis} \times \text{Wert der mangelhaften Sache}}{\text{Wert der mangelhaften Sache}}$$

Wurde der Kaufpreis bereits vom Käufer entrichtet, hat dieser einen Anspruch auf Erstattung des Minderungsbetrages.

Schadens- und Aufwendungsersatz

Neben dem Rücktritts- oder Minderungsrecht besteht auch die Möglichkeit auf Schadens- oder Aufwendungsersatz. Voraussetzung ist stets, dass eine Pflichtverletzung vorliegt und ein Schaden entstanden ist. Insbesondere in folgenden Fällen kann Schadensersatz verlangt werden:

- Der Verkäufer erbringt die Leistung nicht oder nicht wie geschuldet und nicht nach einer angemessenen Frist (§ 281 Abs. 1 BGB).
- Eine Nacherfüllung ist unmöglich (§ 283 BGB).
- Wegen einer defekten Sache entsteht ein weiterer Schaden (Folgeschaden). Hier bezieht sich der Schadensersatz auch auf den Folgeschaden. Dies wäre etwa der Fall, wenn die mangelhafte Sache aufgrund ihres Mangels einen Brand verursacht (§ 280 Abs. 1 BGB).
- Die mangelhafte Sache führt zu einem Nutzungsausfall (§ 280 Abs. 1 BGB). Gemeint ist hier, wenn es durch den Ausfall der mangelhaften Sache zu weiteren Folgekosten in diesem Zusammenhang kommt.
- Die Reparatur einer mangelhafte Sache führt zu einem Nutzungsausfall (§ 280 Abs. 1 BGB).

Aufwendungsersatz entsteht, wenn der Käufer in der Erwartung der erworbenen Sache schon Aufwendungen getätigt hat, die er sonst nicht gehabt hätte (§ 284 BGB).

Allgemeine Geschäftsbedingungen (AGB)

Natürlich ist es nicht möglich, bei jedem neuen Abschluss eines Kaufvertrags die Geschäftsbedingungen im Einzelnen neu zu vereinbaren. Dies gilt nicht nur für den Handel im Internet. Nach § 305 Abs. 1 BGB ist die Regelung von allgemeinen Geschäftsbedingungen (AGB) möglich. Hiernach sind AGB eine Vielzahl von vorformulierten Bedingungen, die eine Vertragspartei (Verkäufer) der anderen Vertragspartei (Käufer) bei Abschluss eines Kaufvertrags stellt. Ausgenommen sind zwischen den Vertragsparteien frei verhandelte Bedingungen.

Wer einen Online-Shop betreiben will, kommt nicht umhin, AGB zu regeln und entsprechend zu veröffentlichen.

Aber: Vorsicht bei der Gestaltung eigener AGB! Es lauern viele Gefahren. Überregelungen oder mangelhafte Regelungen in den

AGB können zu Abmahnungen durch Dritte führen. Dies gilt es zu vermeiden (vgl. Muster-AGB, Kapitel 10).

Praxis-Tipp:

Wer eigene AGB entwickelt, sollte diese auf jeden Fall von einem Fachmann prüfen lassen. Unzulässige Regelungen können sonst teuer werden.

Der Vorteil der AGB findet sich im Massengeschäft, da zeitraubende Regelungen von Einzelregelungen unterbleiben. Das bedeutet aber auch, dass dem Verbraucher kaum ein Spielraum bleibt, eigene Regelungen in den Vertrag einzubringen.

Was in den AGB nicht geregelt werden darf und wann sie dem anderen Vertragspartner als bekannt gelten, regeln §§ 305 bis 310 BGB. Da es sich hier um sogenannte Verbraucherschutzregelungen handelt, liegen auch hier die Ansatzpunkte für Abmahnungen.

Bestehen AGB, gelten sie nur als Vertragsbestandteil, wenn sie dem anderen Vertragspartner auch bekannt gemacht wurden. Dies soll nach § 305 Abs. 2 BGB wie folgt geschehen:

- Der Kunde wird ausdrücklich auf die AGB hingewiesen oder die AGB sind deutlich sichtbar gekennzeichnet.
- Der Kunde hatte die zumutbare Möglichkeit, die AGB zur Kenntnis zu nehmen.
- Der Kunde ist mit den AGB einverstanden.

Auf einer Webseite kann die Bestellung grundsätzlich mit dem vorherigen Akzeptieren der AGB verknüpft werden. Bei dieser Lösung muss der Käufer bestätigen, dass er die AGB zur Kenntnis genommen hat und akzeptiert. Gleichzeitig muss ihm auch die Möglichkeit eingeräumt werden, die AGB nicht zu akzeptieren. In diesem Fall würde die Bestellung an dieser Stelle enden. Steht diese technische Lösung nicht zur Verfügung, sollten die AGB beispielsweise mit der Bestellbestätigung per E-Mail an den Kunden versandt werden.

Wichtig: Ein einfacher Link auf der Webseite, der auf die AGB hinweist, reicht nur dann aus, wenn dieser nicht versteckt, sondern einfach zu erkennen ist. Bei dieser Variante müssen die AGB aber so gespeichert sein, dass der Kunde sich diese ausdrucken oder auf seinem eigenen Computer speichern kann (§ 312e Abs. 1 Nr. 4 BGB). Trotz des Links auf der eigenen Webseite wird weiterhin verlangt, dass der Kunde im Rahmen des Kaufvertrags diese nochmals akzeptiert.

Praxis-Tipp:

Die AGB müssen leicht lesbar, übersichtlich gegliedert und inhaltlich verständlich sein. Die Schriftgröße sollte so gewählt werden, dass der Kunde den Text ohne große Probleme lesen kann.

Wird an einen anderen Unternehmer verkauft, muss nicht besonders auf die AGB hingewiesen werden. Hier genügt eine einfache Einbeziehungserklärung.

Werden trotz der bestehenden AGB zwischen dem Verkäufer und Käufer andere Vereinbarungen getroffen, so gelten diese. Die Regelungen in den AGB sind dann nachrangig (§ 305b BGB).

In den AGB dürfen keine überraschenden Klauseln enthalten sein. Eine Klausel gilt immer dann als überraschend, wenn der Kunde nach der normalen Beurteilung des Sachverhalts nicht damit rechnen musste. Die Rechtsprechung spricht hier von einem Überrumpelungs- oder Übertölpelungseffekt. Liegt eine solche Klausel vor, wird sie nicht Vertragsbestandteil. Zugunsten des Käufers gilt, dass die Klausel auch dann nicht Vertragsbestandteil wird, wenn er die AGB zunächst akzeptiert hat. Hier wird unterstellt, dass der Verbraucher mangels rechtlichen Wissens die Klausel nicht verstehen konnte.

Überraschende Klauseln

Überraschende Klauseln sind zum Beispiel:

- Veränderungen der Herstellergarantien zulasten des Käufers
- ausländischer Gerichtsstand, wenn materiell deutsches Recht anzuwenden ist
- Fixklausel in den Einkaufsbedingungen
- Gerichtsstand ohne Bezug zum Hauptsitz

Keine überraschenden Klauseln sind zum Beispiel:

- Abtretungsverbote
- Vorleistungsverpflichtungen des Ersteigerers in der Auktion
- einfacher und verlängerter Eigentumsvorbehalt

Ist eine Klausel unklar oder kann diese Klausel mehrdeutig ausgelegt werden, geht dies zulasten des Verkäufers (§ 305c Abs. 2 BGB). Das BGB verlangt, dass der Verkäufer sich hier klar und eindeutig ausdrückt. Dies gilt insbesondere für Irreführungen. Diese liegen vor, wenn eine eigentlich kundengünstige Regelung als kundenfeindlich ausgelegt wird.

Neben den überraschenden, unklaren oder mehrdeutigen Klauseln gibt es auch Klauseln, die in den AGB gegenüber Verbrauchern verboten sind. §§ 308 und 309 BGB enthalten jeweils eine Aufzählung solcher Klauseln. Ist eine der dort aufgezählten Regelungen enthalten, ist diese unwirksam. Wie bereits erwähnt, gilt dies nur für Verträge mit Verbrauchern. Wird ein Vertrag mit einem anderen Unternehmer abgeschlossen, finden die Verbote der §§ 308 und 309 BGB keine Anwendung.

Auch wenn die Regelungen in den AGB nicht unter die Klauselverbote fallen, können sie doch unwirksam sein. Dieser Fall tritt ein, wenn sie gegen das Gebot von Treu und Glauben verstoßen und für den Vertragspartner einen unangemessenen Nachteil ergeben. Solche Nachteile liegen vor, wenn

- vom wesentlichen Grundgedanken einer gesetzlichen Regelung abgewichen wird oder diese Abweichung mit dem Gesetz nicht zu vereinbaren ist,
- wesentliche Rechte und Pflichten, die sich aus der Natur des Vertrags ergeben, so eingeschränkt werden, dass die Erreichung des Vertragszwecks gefährdet ist.

Warenvertrieb im Internet

Das Fernabsatzrecht

Kommen Kaufverträge über Warenlieferungen oder Verträge über Dienstleistungen ausschließlich zwischen dem Unternehmer und dem Verbraucher über Fernkommunikationsmittel zustande, liegt ein sogenannter Fernabsatzvertrag vor (§ 312b BGB). Dazu zählt der Handel im Internet.

Alle Übertragungsmöglichkeiten, bei denen sich die beiden Vertragsparteien – Unternehmer und Verbraucher – nicht gegenüberstehen, werden als Fernkommunikationsmittel bezeichnet. Dies sind insbesondere Briefe, Kataloge, Telefongespräche und vor allem E-Mails. Somit ist ein Kaufvertrag, der über einen Online-

Shop zustande kommt, ein Fernabsatzvertrag im Sinne des § 312b BGB.

Weiterhin wird vorausgesetzt, dass der Vertragsabschluss im Rahmen eines für den Fernabsatz organisierten Vertriebssystems erfolgt. Hiervon ist bei einem Online-Shop auszugehen, da nach dessen Natur die Waren online beim Verkäufer bestellt bzw. gekauft werden.

Doch nicht immer besteht ein Fernabsatzvertrag, wenn sich Käufer und Verkäufer nicht gegenüberstehen. Dies ist insbesondere bei folgenden Verträgen der Fall (§ 312b Abs. 3 BGB):

- Lieferungen von Lebensmitteln, Getränken oder sonstigen Haushaltsgegenständen des täglichen Bedarfs, die am Wohnsitz, am Aufenthaltsort oder am Arbeitsplatz eines Verbrauchers von Unternehmen im Rahmen häufiger und regelmäßiger Fahrten geliefert werden.
- Verträge über die Erbringung von Dienstleistungen in den Bereichen Unterbringung, Beförderung, Lieferung von Speisen und Getränken sowie Freizeitgestaltung, wenn sich der Unternehmer bei Vertragsabschluss verpflichtet, die Dienstleistungen zu einem bestimmten Zeitpunkt oder innerhalb eines genau angegebenen Zeitraums zu erbringen.
- Verträge über Finanzgeschäfte, insbesondere Bankgeschäfte, Finanz- und Wertpapierdienstleistungen und Versicherungen sowie deren Vermittlung.

Neben den genannten Punkten gibt es weitere Ausschlussregelungen. Diese sind jedoch für das Betreiben eines Online-Shops im Zusammenhang mit Warenlieferungen an Verbraucher nicht erwähnenswert.

Unterrichtungspflicht

Im Zusammenhang mit einem Fernabsatzvertrag hat der Unternehmer gegenüber dem Verbraucher nach Maßgabe des Artikels 246 §§ 1 und 2 EGBGB eine Unterrichtungspflicht.

Vorvertragliche Informationspflicht

Bei Vorliegen eines Fernabsatzvertrags muss der Unternehmer dem Verbraucher rechtzeitig vor Abgabe von dessen Vertragserklärung (Willenserklärung) die nachfolgenden Informationen zur Verfügung stellen (ausgenommen Finanzdienstleistungen). Man spricht hier auch von der vorvertraglichen Informationspflicht.

2

Checkliste: Vorvertragliche Informationspflicht	
Name und ladungsfähige Anschrift des Unternehmers. *(Vollständiger Name. Der Vorname darf nicht nur mit dem Anfangsbuchstaben angegeben werden. Bei Gesellschaften ist die Rechtsform sowie das Handelsregister und die Handelsregisternummer anzugeben.)*	×
Alle weiteren Anschriften des Unternehmers, die für die Geschäftsbeziehung zum Verbraucher maßgeblich sind. *(Straße, Hausnummer, Postleitzahl und Ort. Die Angabe eines Postfaches ist nicht ausreichend. Bei Gesellschaften muss der vollständige Name des gesetzlichen Vertreters angegeben werden.)*	
Die wesentlichen Merkmale der Ware oder Dienstleistungen sowie Informationen darüber, wie der Vertrag zustande kommt. *(Der Käufer muss das Angebot bewerten können. Bezüglich des Vertrags muss angegeben werden, durch welche Handlung oder Voraussetzung dieser zustande kommt.)*	
Handelt es sich um eine dauernde oder regelmäßig wiederkehrende Leistung, so ist die Mindestlaufzeit des Vertrags anzugeben. *(Z. B. Leasingverträge, Mietverträge, Abonnement. Bei befristeten Verträgen ist die Laufzeit anzugeben, bei unbefristeten Verträgen der früheste Kündigungszeitpunkt.)*	
Einen Vorbehalt, eine in Qualität und Preis gleichwertige Leistung (Ware oder Dienstleistung) zu erbringen, und einen Vorbehalt, die versprochene Leistung im Fall ihrer Nichtverfügbarkeit nicht zu erbringen. *(Hiermit kann sich der Unternehmer den Vorbehalt erhalten, eine gleichwertige Ware oder gar keine Ware zu liefern, wenn die bestellte Ware nicht mehr vorhanden sein sollte.)*	
Den Gesamtpreis der Ware einschließlich aller damit verbundenen Preisbestandteile (z. B. Skonti, Gebühren) und Steuern (Umsatzsteuer). *(Es muss der Bruttopreis angegeben werden. Die Angabe des Nettopreises ist nicht zulässig, auch wenn die Umsatzsteuer offen ausgewiesen wird. Kann kein Preis angegeben werden, ist die Berechnungsgrundlage mitzuteilen, z. B. bei Sonderanfertigungen.)*	
Mögliche zusätzlich anfallende Versand- oder Lieferkosten.	
Mögliche Kosten und Steuern, die anfallen, aber nicht in der Rechnung des Unternehmers enthalten sind.	

Die Einzelheiten hinsichtlich der Zahlung und der Lieferung oder Erfüllung. *(Fälligkeit, Bankverbindung oder andere Zahlungsarten sowie der Eigentumsvorbehalt bis zur vollständigen Zahlung des Kaufpreises.)*	
Das Bestehen oder Nichtbestehen von Widerrufs- und Rückgaberechten *(vgl. Seite 28 bzw. 30)*	
Kosten, die der Verbraucher für die Benutzung des Fernkommunikationsmittels zu tragen hat, wenn solche zusätzlichen Kosten durch den Unternehmer in Rechnung gestellt werden. *(Solche Kosten sind zwar denkbar, dürften aber nach Meinung des Autors bei Verkauf über einen Online-Shop kaum anfallen.)*	
Gültigkeitsdauer des Angebots, wenn dieses befristet ist. Dies gilt auch für den Preis. *(Auf der Webseite ist anzugeben, wie lange das Angebot der Ware oder das Preisangebot für die Ware gilt.)*	

Diese Informationen müssen klar und verständlich sein. Weiterhin ist der geschäftliche Zweck anzugeben. Die obigen Punkte umschreiben – abgesehen von Namen, Anschriften, Rücktritts- und Widerrufsrechten – das Produkt an sich sowie den Preis für dessen Erlangung, wie es grundsätzlich im Angebot auf der Webseite dargestellt wird. Das Unterlassen von vorvertraglichen Unterrichtungspflichten hat aber keine Folgen auf die Wirkung des Fernabsatzvertrags. Allerdings können Klagen der Verbraucherschutzverbände und Handelskammern sowie kostenpflichtige Abmahnungen anderer Unternehmer des Wettbewerbs drohen.

Nachvertragliche Informationspflicht

Neben den genannten, auf der Webseite enthaltenen Informationen muss der Unternehmer aber weitere Informationspflichten erfüllen. Man spricht hier von der nachvertraglichen Informationspflicht. So muss der Unternehmer dem Verbraucher folgende Informationen zusätzlich in Textform und in einer hervorgehobenen und deutlich gestalteten Form mitteilen:

Checkliste: Nachvertragliche Informationspflicht	
Alle Vertragsbedingungen einschließlich der AGB	×
Alle Punkte der Checkliste: Vorvertragliche Informationspflichten	
Vertragliche Kündigungsbedingungen einschließlich etwaiger Vertragsstrafen, die ein Dauerschuldverhältnis betreffen und für eine längere Zeit als ein Jahr oder für unbestimmte Zeit geschlossen werden (z. B. Abonnementsverträge)	
Informationen über Kundendienst und geltende Gewährleistungs- und Garantiebedingungen *(Diese Angabe hinsichtlich des Kundendienstes und der Garantie sind nur erforderlich, wenn sie auch angeboten werden.)*	

Die Mitteilung in Textform ist wörtlich zu nehmen. Alle in der Checkliste genannten Punkte müssen dem Käufer nicht nur auf der Webseite bereitgestellt werden, sondern zusätzlich nochmals übersendet werden. Dies muss spätestens mit der Übersendung der Ware geschehen (Art. 246 § 2 Abs. 1 Satz 2 Nr. 2 EGBGB). Die Besonderheiten bei der Widerrufsbelehrung werden noch genauer behandelt. Verletzt der Unternehmer seine nachvertraglichen Informationspflichten, hat dies Auswirkungen auf den Ablauf der Widerrufsfrist.

Mit Ausnahme der Informationen über die Waren selbst können die verlangten Informationen in den AGB integriert werden. Dabei ist jedoch darauf zu achten, dass die ladungsfähige Anschrift, eventuelle Vertreter oder Beauftragte, Informationen über das Widerrufs- oder Rückgaberecht, die Kündigungsbedingungen und die Informationen über den Kundendienst und die Gewährleistung besonders hervorgehoben werden müssen. In der Regel reicht hier die Fettschrift.

Widerrufsbelehrung

Wie bereits mehrfach erwähnt, ist die Widerrufsbelehrung ein nicht unwesentlicher Bestandteil des Fernabsatzvertrags. Hier bedarf es einer genaueren Betrachtung, da fehlende oder fehlerhafte Widerrufsbelehrungen nicht selten zu kostenpflichtigen Abmahnungen führen. Selbst die bis zum 10.06.2010 im EGBGB beschriebene Musterbelehrung führte zu solchen Abmahnungen, so dass das Muster nicht zuletzt aufgrund dessen zum 11.06.2010 geändert wurde (aktuelle Fassung der Anlage 1 zu Art. 246 EGBGB).

Widerrufsrecht

Das Widerrufsrecht ermöglicht es dem Verbraucher, innerhalb einer bestimmten Frist vom Kaufvertrag zurückzutreten. Nach § 312b BGB steht dem Verbraucher bei Vorliegen eines Fernabsatzvertrags grundsätzlich ein Widerrufsrecht zu. Dies unterscheidet diese Regelung vom allgemeinen Widerrufsrecht nach § 355 BGB.

Jedoch bestehen Ausnahmen vom grundsätzlichen Vorliegen eines Widerrufsrechts bei Fernabsatzverträgen. So muss insbesondere bei folgenden Sachverhalten kein Widerrufsrecht gewährt werden.

Kein Widerrufsrecht

- bei Lieferung von Waren, die nach Kundenspezifikation angefertigt werden oder eindeutig auf die Bedürfnisse zugeschnitten sind, aufgrund ihrer Beschaffenheit nicht für eine Rücksendung geeignet sind, schnell verderben können oder deren Verfalldatum überschritten würde
- bei Lieferung vom Audio- oder Videoaufzeichnungen oder von Software, sofern der gelieferte Datenträger vom Verbraucher entsiegelt worden ist
- bei Verträgen im Zusammenhang mit einer Versteigerung (gilt aber nicht für Versteigerungen im Internet)
- sofern dem Verbraucher bereits ein gesetzliches Widerrufsrecht zusteht (§ 355 BGB).

Diese Aufzählung ist nicht abschließend, umschreibt aber alle im Zusammenhang mit der Warenlieferung denkbaren Sachverhalte.

Widerrufsfrist

Der Widerruf ist vom Verbraucher innerhalb der Widerrufsfrist zu erklären. Die Frist beginnt grundsätzlich mit der Erfüllung aller nachvertraglichen Informationspflichten (vgl. Seite 29). Werden Waren geliefert, beginnt die Frist erst, wenn die Ware beim Verbraucher eingegangen ist (§ 312d Abs. 2 BGB). Die Frist beginnt aber nicht zu laufen, wenn die spezifischen Informations- und Gestaltungspflichten im elektronischen Geschäftsverkehr (vgl. Seite 36) nicht erfüllt sind. Diese dürften allerdings regelmäßig mit der Übersendung der Ware vom Unternehmer erfüllt werden.

Liegen alle Voraussetzungen vor, beträgt die Frist regelmäßig 14 Tage. Die Fristberechnung erfolgt nach den Regelungen des § 187

Abs. 1 BGB. Demzufolge beginnt der Fristlauf an dem Tag, der auf den Wareneingang beim Verbraucher erfolgt.

Beispiel:

Der Kunde des Online-Händlers Peter Paul erhält am 02.02. per Postpaket die bestellte Ware.

Der Lauf der Widerrufsfrist beginnt am 03.02. (§ 187 Abs. 1 BGB) und endet nach 14 Tagen mit dem Ablauf des 16.02. (§ 188 Abs. 2 BGB).

Die 14-tägige Widerrufsfrist kommt aber nur zur Anwendung, wenn der Unternehmer vor Vertragsabschluss (vor Abgabe seiner Willenserklärung) den Käufer über sein Widerrufsrecht in Textform informiert. Dabei reicht es nicht aus, dass die Widerrufsbelehrung auf der Webseite zu finden ist. Daraus folgt, dass der Unternehmer – möchte er die 14-tägige Widerrufsfrist beibehalten – den Verbraucher nach Eingang seiner Willenserklärung, aber noch vor Abgabe der eigenen Willenserklärung, beispielsweise durch eine Bestätigung per E-Mail, über das Widerspruchsrecht informiert.

Beispiel:

Die Online-Händlerin Claudia Berg erhält von ihrem Kunden eine Bestellung per E-Mail übersandt. Nach Eingang der Bestellung bestätigt Frau Berg dem Kunden ebenfalls per E-Mail den Eingang der Bestellung. Die Bestätigungsmail enthält die Widerrufsbelehrung.

Der Kunde kann sich nun auf eine 14-tägige Widerrufsfrist berufen, da die Widerrufsbelehrung vor Vertragsabschluss (es fehlt die Willenserklärung von Frau Berg) erteilt worden ist.

Wird die Widerrufsbelehrung erst nach Vertragsabschluss in Textform an den Verbraucher übersandt, beträgt die Widerrufsfrist einen Monat. Dieser Fall tritt regelmäßig ein, wenn der Unternehmer seine zustimmende Willenserklärung durch Übersendung der bestellten Ware abgibt.

Der Ablauf der Widerrufsfrist kann sich auf sechs Monate ausdehnen, wenn trotz ordnungsgemäßer Widerrufsbelehrung andere Informationspflichten (vgl. Seite 39) verletzt werden. Ist die Widerrufsbelehrung selbst fehlerhaft, endet die Widerrufsfrist nicht. Das bedeutet, dass der Verbraucher ein unbefristetes Widerrufsrecht gegenüber dem Unternehmer hat.

Aufgrund der rechtlichen Probleme bezüglich des Inhalts einer Widerrufsbelehrung hat der Gesetzgeber im EGBGB ein Muster für die Widerrufsbelehrung entworfen (vgl. Anlage 1 zu Art. 246 EGBGB). Dieses Muster ist entsprechend der Gestaltungshinweise auf die eigenen Bedürfnisse umzugestalten.

Rückgaberecht

Anstelle eines Widerrufsrechts kann der Unternehmer mit dem Verbraucher ein Rückgaberecht regeln. Für die Ausübung des Rückgaberechts gelten die Regelungen für den Widerspruch entsprechend (vgl. Seite 30). Die Rückgabe kann frühestens nach der erfolgten Lieferung stattfinden. Vorher ist diese auch nicht möglich, da man noch nichts erhalten hat.

Wie auch bei der Widerrufsbelehrung muss der Unternehmer spätestens bei Vertragsabschluss den Verbraucher über das Rückgaberecht informieren.

Voraussetzungen für ein wirksames Rückgaberecht

- Bei der Lieferung muss es sich um eine Warenlieferung handeln.
- Im Verkaufsprospekt muss eine dem § 360 Abs. 2 BGB entsprechende Belehrung über das Rückgaberecht enthalten sein.
- Der Verbraucher muss das Verkaufsprospekt in Abwesenheit des Unternehmers eingehend zur Kenntnis nehmen können.
- Dem Verbraucher muss das Rückgaberecht in Textform überlassen werden.

Mit einem Verkaufsprospekt ist in diesem Fall nicht ein gedrucktes Werk gemeint, sondern die Darstellung der Ware auf der Webseite. Hier muss somit besonders auf das Rückgaberecht hingewiesen werden. Im Rahmen der vorvertraglichen Informationspflichten besteht bereits hieraus die Verpflichtung, den Verbraucher ausgiebig, einfach und vollständig über das Recht zu informieren. Aufgrund einer Aufnahme in den AGB ist der Forderung nach der ständigen Zugänglichkeit für den Verbraucher gewährt. Bezüglich der Erfordernisse hinsichtlich der Textform und der Wirkung auf die Fristen gelten die Regelungen zur Widerrufsbelehrung.

Ist die Rückgabebelehrung fehlerhaft, ist sie ungültig. An ihre Stelle tritt dann das Widerrufsrecht. Das heißt, dass der Verbraucher diese Rechte geltend machen kann. Fehlt jetzt aber wiederum eine Widerrufsbelehrung an den Verbraucher, ist das Recht auf Widerruf unbefristet.

Im Unterschied zum Widerrufsrecht kann der Verbraucher das Rückgaberecht nur dadurch ausüben, dass er die Ware an den Unternehmer zurücksendet. Hiervon ausgenommen sind Warenlieferungen, die nicht mit der Post zurückgesendet werden können. Dies sind in der Regel Waren mit einem Gewicht über 20 kg. In solchen Fällen reicht es aus, dass der Verbraucher innerhalb der Frist sein Rückgabeverlangen erklärt (§ 356 Abs. 2 BGB).

Praxis-Tipp:
Das Rückgaberecht kann nicht auf unbenutzte oder originalverpackte Ware eingeschränkt werden. Eine solche Regelung ist unzulässig (§ 312g BGB).

Wie auch bei der Widerrufsbelehrung findet sich im EGBGB ein Muster für eine Rückgabebelehrung (Anlage 1 zu Art. 246 EGBGB).

Wirkung des Widerrufs oder der Rückgabe

Hat der Verbraucher den Vertrag widerrufen oder will er eine Rückgabe, müssen der Unternehmer und der Verbraucher einander die empfangenen Leistungen zurückgewähren. Gleiches gilt für gezogene Nutzungen. Einfacher gesagt bedeutet das, dass der Verbraucher die Ware zurücksenden, der Unternehmer den Kaufpreis erstatten muss. Dies muss grundsätzlich auch tatsächlich so erfolgen. Eine Gutschrift des Unternehmers auf dem Kundenkonto der eigenen Buchführung oder eine Aushändigung eines Warengutscheins gelten nicht als Rückerstattung des Kaufpreises.

Der Verbraucher muss die Waren zurücksenden. Dabei gilt:

Pflichten und Kosten bei Rückgabe
■ Der Käufer ist zur Rücksendung verpflichtet, wenn die Sache per Paket versandt werden kann. ■ Die Kosten und Gefahr für die Rücksendung im Zusammenhang mit der Ausübung des Rückgaberechts trägt allein der Unternehmer. ■ Handelt es sich um eine Rücksendung im Zusammenhang mit der Ausübung des Widerrufsrechts, kann der Unternehmer über die AGB vorab regeln, dass der Verbraucher die Kosten zu tragen hat, wenn der Preis der Ware bis zu 40 EUR beträgt. Bei einem höheren Preis als 40 EUR kann der Unternehmer die Kosten auferlegen, wenn dies vertraglich vereinbart ist und der Kaufpreis oder ein Teil des Kaufpreises noch nicht entrichtet wurde. Bei einem Online-Handel kommt Letzteres aber kaum vor, da in der Regel gegen Vorkasse, Nachnahme oder Bankeinzug gezahlt wird. ■ Der Unternehmer trägt regelmäßig vollständig die Kosten für die Rücksendung, wenn eine falsche Ware geliefert wurde. ■ Der Unternehmer muss innerhalb von 30 Tagen nach Zugang der Widerrufserklärung den Kaufpreis zurückzahlen. Erfolgt die Zahlung nicht, gerät er in Verzug. Der Zinssatz beträgt 5 Prozent.

Wertersatz

Hat der Verbraucher den Gegenstand der Lieferung in Gebrauch genommen, kann der Unternehmer unter bestimmten Voraussetzungen einen Wertersatz verlangen. Dieser Wertersatz kann in folgenden Fällen verlangt werden, wenn die Sache

- zerstört oder beschädigt ist,
- nicht mehr vorhanden ist,
- durch den Verbraucher verändert oder umgestaltet wurde.

Die Höhe des Wertersatzes richtet sich nach der vertraglich festgelegten Gegenleistung. Ein Wertersatz muss aber nicht in jedem Fall geleistet werden. § 346 Abs. 3 BGB regelt hierzu folgende Ausnahmetatbestände:

- Der zum Rücktritt berechtigende Mangel wurde erst während der Verarbeitung oder Umgestaltung des Gegenstands erkannt.
- Soweit der Unternehmer die Verschlechterung oder den Untergang zu vertreten hat oder der Schaden bei ihm gleichfalls eingetreten wäre.

2

Kosten der Rücksendung

Die Kosten für die Rücksendung sind nur dann vom Verbraucher zu tragen, wenn dies auch vertraglich vereinbart, zum Beispiel über die AGB geregelt ist. Allerdings kann nicht bestimmt werden, dass der Verbraucher bei Rücksendung auch die Lasten aus Untergang oder Beschädigung übernimmt. Dies ist nach bisheriger Rechtsprechung nicht zulässig.

Sind dem Unternehmer Hinsendekosten entstanden, sind diese auch vom Unternehmer zu tragen. Daraus folgt auch, dass diese bei einer Rücksendung der Ware durch den Verbraucher selbigem aufzuerlegen sind. Das heißt, dass es nicht zulässig ist, den gezahlten Kaufpreis um die Hinsendekosten zu kürzen. Sollte man dies in seinen AGB anders regeln wollen, ist eine solche Regelung unwirksam.

Informationspflichten beim elektronischen Geschäftsverkehr

Neben den bereits aufgeführten vor- und nachvertraglichen Informationspflichten ergeben sich weitere Informationspflichten im Zusammenhang mit dem elektronischen Geschäftsverkehr. Über diese Informationspflichten soll der Kunde einen zusätzlichen Schutz gegen die spezifischen Gefahren des Online-Handels erfahren.

Der Online-Kunde hat gegenüber den normalen Geschäftskunden einen nicht unbeachtlichen Nachteil. Er steht dem Online-Händler nicht gegenüber und kann somit nicht einschätzen, ob dieser einen zuverlässigen Eindruck macht. Es fehlt das sogenannte Bauchgefühl, das manchmal mit darüber entscheidet, ob man mit einem Unternehmer einen Kaufvertrag abschließt.

Die Informationspflicht besteht nur für Unternehmer, die mit einem Verbraucher einen Vertrag über eine Warenlieferung oder Dienstleistung abschließen. Handelt es sich bei den beiden Vertragspartnern nicht um Verbraucher, kann auch individuell etwas anderes vereinbart werden (§ 312e Abs. 2 Satz 2 BGB).

Der Unternehmer muss bei Vorliegen von Fernabsatzverträgen im elektronischen Geschäftsverkehr den Verbraucher über folgende Punkte (Art. 246 § 3 EGBGB) unterrichten:

- die einzelnen technischen Schritte, die zu einem Vertragsabschluss führen

- ob der Vertragstext nach dem Vertragsabschluss von dem Unternehmer gespeichert wird und dem Kunden zugänglich ist
- wie er mit den gemäß § 312e Abs. 1 Nr. 1 BGB zur Verfügung gestellten technischen Mitteln Eingabefehler vor Abgabe der Vertragserklärung erkennen und berichtigen kann
- die für den Vertragsabschluss zur Verfügung stehenden Sprachen
- sämtliche einschlägigen Verhaltenskodizes, denen sich der Unternehmer unterwirft, sowie über die Möglichkeit eines elektronischen Zugangs zu diesem Regelwerk

Weiterhin hat der Unternehmer den Verbraucher gemäß § 312e BGB:

- den Zugang von dessen Bestellung unverzüglich auf elektronischem Wege zu bestätigen,
- die Möglichkeit zu verschaffen, die Vertragsbestimmungen einschließlich der AGB bei Vertragsabschluss abzuschließen und in wiedergabefähiger Form zu speichern.

Ein entsprechendes Muster finden Sie auf Seite 209.

Technische Schritte

Der Unternehmer muss den Kunden darüber unterrichten, wie es über die Webseite zum Vertragsabschluss kommt. Er muss sozusagen eine Art Gebrauchsanweisung einrichten darüber, wie der Kaufvertrag zwischen ihm und dem Käufer zustande kommt.

Die Formulierung muss so einfach wie möglich sein. Das heißt, dass ein Rechtslaie die Formulierungen klar verstehen können muss (vgl. Formulierungsvorschlag auf Seite 201).

Speicherung des Vertragstextes

Weiterhin besteht die Pflicht zur Information darüber, ob der geschlossene Vertrag vom Unternehmer gespeichert wird und dieser gespeicherte Vertrag dem Kunden noch oder auch zugänglich ist (vgl. Muster auf Seite 201).

Seitens des Unternehmers besteht keine Pflicht zur Speicherung des Vertrages. Anders bei den Geschäftsbedingungen. Hier ist der Unternehmer verpflichtet, die Vertragsbestimmungen sowie die allgemeinen Geschäftsbedingungen zu speichern und jederzeit abrufbereit zu halten.

Speichert der Unternehmer die Vertragsdaten trotzdem, muss er den Käufer darüber in Kenntnis setzen. Hiermit verbunden ist die

Information, wie der Kunde die Vertragsdaten einsehen kann (vgl. zum Datenschutz Seiten 201, 207). Wird der Vertrag, wie heute üblich, in einem sogenannten pdf-Format gespeichert, ist der Unternehmer auch verpflichtet, dem Kunden mitzuteilen, wo er die zum Öffnen der Datei notwendige Software erhalten kann.

Berichtigung von Eingabefehlern

Kann über die Webseite die Bestellung elektronisch, zum Beispiel über die Warenkorbfunktion, abgegeben werden, muss der Kunde auch darüber informiert werden, wie er einen eventuellen Eingabefehler berichtigen oder den Bestellvorgang abbrechen kann. Auch hier muss die Information so einfach und deutlich wie möglich sein (vgl. Muster auf Seite 201).

Die technische Möglichkeit (z. B. Links) sollte deutlich bezeichnet sein, zum Beispiel:

- Bestellung absenden
- Bestellung korrigieren
- Bestellung abbrechen

Die Links sollten ausreichend groß und übersichtlich angebracht sein. Es ist zu empfehlen, dass sie sich farblich deutlich vom Text der Seite abheben.

Sprachen

Der Unternehmer muss darüber informieren, in welcher Sprache die Texte und vor allem der Vertrag abgefasst sind. Allerdings besteht für den Unternehmer keine Pflicht, etwa neben Deutsch eine oder mehrere Sprachen anzubieten. Die angebotenen Sprachen können zum einen namentlich bezeichnet, zum anderen durch Darstellung der Landesflagge aufgezeigt werden.

Verhaltenskodizes

Diese Angaben müssen nur gemacht zu werden, wenn sie auch existieren. Das Gesetz führt nicht näher aus, was damit gemeint ist.

Nach der Definition handelt es sich hierbei um Regeln, die sich Unternehmer selbst geben, um ihre ökologischen oder sozialen Prinzipien und Werte darzustellen.

Elektronische Bestellbestätigung

§ 312e Abs. 1 Nr. 3 BGB verpflichtet den Unternehmer, dem Kunden unverzüglich nach Zugang von dessen Willenserklärung zu bestätigen, dass diese beim Unternehmer eingegangen ist. Dies soll dem Kunden die Sicherheit geben, dass seine Willenserklärung nicht nur tatsächlich, sondern auch beim richtigen Empfänger angekommen ist.

Wichtig: In der Bestätigungsmail sollte aber dennoch explizit darauf hingewiesen werden, dass es sich nur um eine Eingangsbestätigung und nicht um die eigene annehmende Willenserklärung handelt. Dies muss unmissverständlich klar sein. Sind die Formulierungen unklar, kann dies zulasten des Unternehmers ausgelegt werden.

Neben der Klarheit der Formulierung fordert der Gesetzgeber, dass die Bestätigung unverzüglich erfolgen muss. Mit unverzüglich meint der Gesetzgeber, dass der Eingang fast direkt bestätigt werden muss. Einige wenige Stunden verzögert wird noch als unverzüglich anerkannt. Weiterhin spricht der Gesetzgeber hier vom Eingang der Bestätigung beim Kunden, die übrigens per E-Mail erfolgen muss. Der Zugang ist erfolgt, wenn die Bestätigungsmail auf dem Server des Providers des Kunden eingegangen ist.

Um dies bewerkstelligen zu können, sind bei den meisten Online-Shop-Programmen sogenannte „Auto-Reply"- oder „Auto-Responder"-Programme eingerichtet. Diese ermöglichen eine sofortige Antwort.

Speicherung von Vertragsbestimmungen

Bereits an dieser Stelle ist der Käufer über die Vertragsbestimmungen sowie AGB hinzuweisen. Es bietet sich an, die Bestätigungsmail mit den Vertragsbestimmungen und AGB zu versehen. So sind sie dem Kunden bereits vor Vertragsabschluss zugegangen (vgl. Seite 28).

Wie bereits mehrfach beschrieben, muss der Kunde die Vertragsbestimmungen und AGB auf der Webseite einsehen können. Die Links hierzu müssen deutlich zu sehen sein. Zusätzlich muss der Kunde diese auch von der Webseite herunterladen können.

Folgen der Nichtbeachtung

Werden die genannten Informationspflichten nicht erfüllt, hat dies keine Auswirkungen auf das Zustandekommen des Online-Vertrags.

Allerdings wirkt sich dies auf das Widerrufs- oder Rückgaberecht aus. Die Frist beginnt nämlich nicht zu laufen und endet spätestens erst nach Ablauf von sechs Monaten, wenn die Widerrufsbelehrung ordnungsgemäß erteilt worden ist. Holt der Unternehmer seine Informationspflichten nach, endet die Widerrufsfrist nach 14 Tagen. Maßgeblich ist aber jetzt der Tag, an dem die Pflichten erfüllt worden sind.

Werden Pflichten verletzt und kommt es dadurch zu Missverständnissen oder Kosten, macht sich der Unternehmer gegenüber dem Kunden schadensersatzpflichtig. Weiterhin kann ein Verstoß gegen die Informationspflichten die Mitwettbewerber zu Unterlassungsklagen und Abmahnungen verleiten.

Preisangabenverordnung

Im Zusammenhang mit dem Online-Kaufvertrag ist die Preisangabenverordnung (PAngV) zu beachten. Sie dient dem Verbraucherschutz und soll den Verbraucher vor versteckten Preisbestandteilen schützen. Bereits vor Vertragsabschluss ist dem Verbraucher bezüglich des Preises mitzuteilen:

- der Preis der Ware oder Leistung inklusive der Umsatzsteuer
- weitere Preisbestandteile
- alle zusätzlichen Liefer- und Versandkosten (der Höhe nach)

Da gerade die Höhe der Liefer- und Versandkosten meist erst berechnet werden kann, wenn der Verbraucher seinen Auftrag erteilt hat, reicht es aus, die Berechnungsmethode dieser Kosten darzustellen, beispielsweise durch eine Liefer- und Versandkostentabelle.

Bei im Online-Shop angebotenen Waren ist der Preis unmittelbar bei der Abbildung oder Beschreibung aufzuführen (§ 4 Abs. 4 PAngV). Bei Versteigerungen muss die Angabe des Grundpreises der Ware nicht erfolgen, denn dieser bildet sich ja gerade durch die Versteigerung. Sofern jedoch schon weitere Preisbestandteile feststehen, ist bereits im Angebot darauf hinzuweisen. Gleiches gilt für die Liefer- und Versandkosten.

Ein Verstoß gegen die PAngV gilt als Ordnungswidrigkeit und kann mit Bußgeldern belegt werden.

Besonderheiten bei eBay

Allgemeines

Eine große Anzahl von Online-Unternehmern eröffnet oder betreibt seinen Handel über eine Vielzahl von Internetauktionshäusern. Einer dieser besonders stark genutzten Plattformen ist das Internetauktionshaus eBay. Aus diesem Grund soll auf einige Besonderheiten im Zusammenhang mit dem Online-Kaufvertrag hingewiesen werden.

Entgegen einem üblichen Online-Shop ohne Beteiligung einer Auktionsplattform, sind bei dieser Art des Handels grundsätzlich drei Parteien beteiligt: der Kunde, der Verkäufer und der Plattformbetreiber eBay.

eBay fungiert hierbei nur als Vertragspartner von Käufer und Verkäufer, indem bestimmte Einrichtungen zur Verfügung gestellt werden. Das bedeutet, dass eBay grundsätzlich nicht in das Vertragsverhältnis zwischen Kunden und dem Verkäufer einbezogen wird. Die Rechte und Pflichten aus dem Kaufvertrag bleiben weiterhin beim Käufer und Verkäufer. Ausnahmen hiervon ergeben sich nur bei der Beurteilung der Frage, wann vom Verkäufer eine wirksame Willenserklärung abgeben wurde.

Die AGB zwischen dem Auktionshaus und dessen Kunden, die sowohl der Käufer als auch der Verkäufer sind, wirken entsprechend gegen beide Parteien. Hier finden sich vor allem die Regeln für Käufer und Verkäufer wieder. Dies sind insbesondere die Grundsätze:

- für das Anbieten von Artikeln
- zu unzulässigen Artikeln
- für die Bewertung und Entfernung von Bewertungen
- für den eBay-Shop
- für den Schutz der Marke „eBay"
- für die von Mitgliedern veröffentlichten Inhalte

Die vollständigen eBay-AGB können und sollten auch auf der Webseite von eBay eingesehen und abgerufen werden.

Praxis-Tipp:

Bevor Sie einen Online-Shop über eBay eröffnen, sollten Sie die AGB aufmerksam lesen.

eBay hält neben den AGB auch die aktuellen Muster für eine Widerrufs- und eine Rücktrittsbelehrung auf seiner Webseite bereit. Dort finden sich weitere wichtige Hinweise zur Preisangabenverordnung, zum Markenrecht oder auch zur Werbung.

Kaufvertrag bei eBay

Wie bei jedem Kaufvertrag, müssen auch beim Handel über eBay zwischen dem Käufer und Verkäufer zwei übereinstimmende Willenserklärungen vorliegen (vgl. Seite 12). Aus den Erläuterungen zur Willenserklärung weiß man, dass der Unternehmer (Anbieter) bei einem unabhängigen Online-Shop seine Willenserklärung erst gesondert erklären muss. Dies kann zum einen durch eine Annahmebestätigung oder durch die Versendung der Ware geschehen.

Höchstgebot

Bei einer Auktion über eBay ist dies anders geregelt. Die annehmende Willenserklärung erfolgt durch den Anbieter in dem Moment, in dem der Kunde durch das Höchstgebot den Gegenstand erworben hat.

Auszug § 10 Nr. 1 der eBay-AGB:

„Stellt ein Anbieter auf der eBay-Website einen Artikel im Angebotsformat Auktion ein, gibt er ein verbindliches Angebot zum Abschluss eines Vertrags über diesen Artikel ab."

Somit stellt bereits das Einstellen der Waren in die eBay-Auktionsseite ein verbindliches Angebot seitens des Anbieters dar.

Sofort-Kauf

Auf den Auktionsseiten kann der Anbieter auch die Option des „Sofort-Kaufs" anbieten. In diesem Fällen kann der Kunde die Ware zum festgelegten Sofortkaufpreis erwerben. Auch hier liegt bereits beim Einstellen der Ware in die Auktionsplattform ein verbindliches Angebot des Verkäufers vor.

Auszug § 10 Nr. 4 der eBay-AGB:

„Angebote können unter bestimmten Voraussetzungen auch mit der Option Sofort-Kaufen (Festpreis) versehen werden. In diesem Fall kommt ein Vertrag über den Erwerb des Artikels unabhängig vom Ablauf der Angebotszeit und ohne Durchführung einer Auktion bereits dann zum Sofort-Kaufen-Preis (Festpreis) zustande, wenn ein Mitglied diese Option ausübt. Die Option kann von jedem Mitglied ausgeübt werden."

Auszug § 11 Nr. 1 der eBay-AGB:

„Stellt ein Anbieter einen Artikel im Angebotsformat Sofort-Kaufen ein, gibt er ein verbindliches Angebot ab, dass andere Mitglieder den Artikel zu dem angegebenen Preis erwerben können. Der Vertragsabschluss kommt zustande, wenn ein Mitglied die Schaltfläche Sofort-Kaufen anklickt und den Vorgang bestätigt."

Die Sofort-Kaufen-Option setzt jedoch voraus, dass noch kein Gebot auf den Artikel abgegeben wurde oder die Gebote einen vom Anbieter festgelegten Mindestpreis noch nicht erreicht haben. Klickt der Kunde den Link *Sofort kaufen*, liegen bereits zu diesem Zeitpunkt zwei übereinstimmende Willenserklärungen vor.

Preis vorschlagen

Eine weitere Möglichkeit, die Ware anzubieten, ist die Option „Preis vorschlagen". In diesem Fall erfolgt die annehmende Willenserklärung erst, nachdem der Anbieter das Kaufangebot des Kunden annimmt. Insoweit liegt bei der Einstellung diesbezüglich kein verbindliches Angebot vor. Dies kann auch nicht anders sein, da sonst der Anbieter jeden Preis sofort akzeptieren müsste.

Auszug § 11 Nr. 1 eBay-AGB:

„In bestimmten Kategorien kann der Anbieter sein Angebot mit der Option ‚Preis vorschlagen' versehen. Interessenten können dem Anbieter das Angebot machen, den Artikel zu einem bestimmten Preis zu erwerben. Der Anbieter kann einen Preisvorschlag annehmen, ablehnen oder einen Gegenvorschlag unterbreiten. Preisvorschläge von Interessenten und Gegenvorschläge des Anbieters sind bindend und behalten jeweils 48 Stunden ihre Gültigkeit. Ein Vertrag kommt dann zustande, wenn sich Anbieter und Interessent über den Preis einigen, sei es über die Funktion , Preis vorschlagen' oder zum ursprünglichen Sofort-Kaufen-Preis. Mit Vertragsschluss verlieren sämtliche Preisvorschläge und Gegenvorschläge ihre Gültigkeit."

Der Käufer ist nach den eBay-AGB grundsätzlich 48 Stunden an seinen Preisvorschlag gebunden. Ist die zeitliche Frist abgelaufen, muss der Käufer die Ware nicht mehr abnehmen. Nimmt der Verkäufer das Angebot nicht an, ist der Kaufvertrag nicht zustande gekommen. Unterbreitet der Verkäufer nun dem Kunden ein Angebot zu einem anderen Preis, liegt ein verbindliches Angebot durch den Verkäufer vor. In diesem Fall hat der Kunde nun 48 Stunden Zeit, das vorgelegte Angebot anzunehmen.

Angebot zurückziehen

Bricht der Verkäufer noch vor Ablauf der von ihm gesetzten Gebotsfrist die Auktion ab, kann das zu Problemen führen. Nach den AGB liegt mit der Einstellung des Gegenstands ein verbindliches Angebot vor. Dieses ist grundsätzlich unwiderruflich. Wird das Angebot zurückgezogen, bevor ein Käufer auf den Artikel geboten hat, dürfte dies unproblematisch sein. Hat ein Käufer ein Gebot abgegeben, ist der Vertrag mit dem Abbruch des Auktionsvorgangs durch den Verkäufer zwischen dem Käufer und Verkäufer zustande gekommen. Der Verkäufer muss somit grundsätzlich liefern. Die Lieferung kann nur vermieden werden, wenn für den Verkäufer selbst ein Anfechtungsgrund vorliegt. Gemeint ist hier vor allem die Irrtumsanfechtung gemäß §§ 119, 120 BGB. Ein Irrtum in diesem Sinne liegt vor, wenn

- er über den Inhalt seiner Willenserklärung im Irrtum war,
- die Willenserklärung diesen Inhalts nicht abgeben wollte oder
- eine falsche Übermittlung durch eine andere Person oder Einrichtung vorliegt.

Allerdings muss der Verkäufer die Anfechtung auch durchführen. Liegt eine unwirksame Anfechtung vor und liefert der Verkäufer nicht, kann es unter Umständen zu Schadensersatzforderungen kommen. Dies gilt vor allem dann, wenn der Verkäufer die Ware anderweitig veräußert hat.

Verhältnis Unternehmer-AGB – eBay-AGB

Die Mitglieder bei eBay sind grundsätzlich an die eBay-AGB gebunden. Fraglich ist jedoch, ob die eBay-AGB nur im Verhältnis Bieter/eBay und Anbieter/eBay gelten, da Bieter und Anbieter grundsätzlich den Vertrag mit eBay geschlossen haben. Zwischen Bieter und Anbieter liegt ein eigenes gesondertes Rechtsgeschäft vor, wenn es zu einem Kaufvertrag kommt.

In seinem Urteil vom 17.03.2010 (Az. 22 O 16/10) entschied das LG Hannover, dass es nicht ausreicht, als Unternehmer auf die eBay-AGB zu verweisen. In der Begründung wird ausgeführt, dass die eBay-AGB nur im Rechtsverhältnis Bieter/eBay und Anbieter/eBay gelten, jedoch nicht direkt auf das Rechtsverhältnis Bieter/Anbieter wirken. Die Entscheidung des LG Hannover widerspricht damit zwei Entscheidungen aus dem Jahre 2008 (LG Frankental vom 14.02.2008,

Az. 2 HK O 157/07 und LG Lübeck vom 22.04.2008, Az. 11 O 9/08). Hier wurde entschieden, dass es ausreichend ist, auf die eBay-AGB zu verweisen.

Die künftige Entwicklung von Gerichtsentscheidungen ist offen. Daher ist es zu empfehlen, die eBay-AGB in die AGB des Unternehmens einfließen zu lassen und entsprechend der vertraglichen Informationspflichten an den Verbraucher (Bieter) weiterzugeben.

Nach einer Entscheidung des OLG Köln (Az. 6 U 26/08) ist es möglich, bei der Erstellung der eigenen AGB unzulässigerweise von den eBay-AGB abzuweichen.

Informationspflichten

Die bekannten Informationspflichten des Unternehmers gegenüber dem Verbraucher im Rahmen des Online-Kaufvertrags bleiben bestehen, ebenso die sich für beide Parteien ergebenden Rechte und Pflichten. Begründet wird dies damit, dass es sich auch bei Kaufabschlüssen über die Plattform eBay um Kaufverträge gemäß § 433 BGB handelt. Trotz der Abwicklung über eBay besteht auch weiterhin die Verpflichtung, dem Kunden die notwendigen Informationen in Textform zu überlassen.

Widerrufsfrist

Die Widerrufsfrist bei Kaufverträgen, die über eBay geschlossen wurden, verlängert sich regelmäßig auf einen Monat (unter anderem OLG Hamburg vom 12.01.2007, Az. 3 W 206/06). Wie bereits beim Online-Kaufvertrag (vgl. Seite 30) erläutert, muss der Unternehmer den Verbraucher vor dem Zustandekommen des Vertrags über das Widerrufsrecht belehren, wenn die 14-tägige Widerrufsfrist gelten soll. Dies ist aufgrund des Ablaufs bei einer eBay-Auktion nicht möglich. Hier kommt es zum Vertragsabschluss, sobald der Bieter mit seinem Gebot den Zuschlag erhält (vgl. Seite 42).

Gewährleistung und Haftung

Im Bezug auf die Gewährleistungs- und Haftungsrechte ändert sich nichts. Der Unternehmer ist auch bei einem Verkauf über eBay verpflichtet, die gesetzlichen Gewährleistungs- und Haftungsbestimmungen einzuhalten (vgl. Seite 20). Dies gilt im besonderen Maße für den Verkauf von Verbrauchsgütern an Verbraucher.

Missbräuchliche Bewertungen

Nach der Auktionsabwicklung vergeben Anbieter und Bieter Bewertungen für die jeweils andere Partei, die möglicherweise die Kaufentscheidung anderer Bieter beeinflussen können. Nach den Forderungen von eBay dürfen die Bewertungen nur faire und sachliche Kommentare zur durchgeführten Transaktion enthalten. Jedoch passiert es, dass etwa ein verärgerter Bieter (oder auch Anbieter) einen unfairen oder unsachlichen Kommentar abgibt. In diesem Fall kann eBay auf Mitteilung des Betroffenen die Bewertungen inhaltlich löschen. Auf den eBay-Webseiten finden sich hierzu folgende, nicht abschließende Gründe für eine Entfernung.

Entfernen von Bewertungen	
Gründe	**Maßnahme**
Ein Mitglied versieht seinen Bewertungskommentar mit persönlichen Angaben über den Handelspartner (z. B. Name, Anschrift, Telefonnummer, E-Mail etc.).	Der Kommentar wird nach Meldung des Verstoßes von eBay entfernt. Der Bewertungspunkt bleibt erhalten.
Der Bewertungskommentar enthält vulgäre, obszöne, rassistische, nicht jugendfreie oder im strafrechtlichen Sinne beleidigende Bemerkungen.	Der Kommentar wird von eBay entfernt. Der Bewertungspunkt bleibt erhalten.
Der Verkäufer meldet einen nicht bezahlten Artikel. Der Käufer reagiert nicht, gibt aber eine negative Bewertung für den Verkäufer ab.	eBay entfernt den Bewertungskommentar und den Bewertungspunkt vollständig.
Der Bewertungskommentar enthält Bemerkungen, die auf von eBay oder Strafverfolgungsbehörden eingeleitete Nachforschungen hinweisen.	eBay entfernt den Bewertungskommentar. Der Bewertungspunkt bleibt erhalten.
Ein Käufer bewertet einen Verkäufer neutral oder negativ aufgrund zusätzlicher Gebühren oder Zölle, die beim internationalen Handel anfallen, obwohl die Artikelbeschreibung auf diese Gebühren hingewiesen hat.	Die Bewertung und der Bewertungspunkt werden vollständig entfernt.

Entfernen von Bewertungen	
Gründe	**Maßnahme**
Der Bewertungskommentar enthält Links oder Scripts.	eBay entfernt den Bewertungskommentar. Der Bewertungspunkt bleibt erhalten.
Ein Mitglied hat versehentlich eine negative oder neutrale Bewertung einem falschen Mitglied zugeordnet, diesen Fehler jedoch bereits behoben und die gleiche Bewertung für das richtige Mitglied abgegeben.	eBay entfernt die Bewertung und den Bewertungspunkt vollständig.
Die Bewertung wurde von einer Person abgegeben, die zum Zeitpunkt der Transaktion oder der Bewertungsabgabe hierzu nicht berechtigt war (z. B. wegen Minderjährigkeit des Inhabers des Mitgliedskontos).	eBay entfernt die Bewertung und den Bewertungspunkt vollständig.
Es liegt eine vollstreckbare richterliche Entscheidung zur Löschung der Bewertung gegen das Mitglied vor, das die Bewertung abgegeben hat.	Je nach Ergebnis der richterlichen Entscheidung wird der Bewertungskommentar oder/und Bewertungspunkt entfernt.

Liegen andere als die genannten Löschungsgründe vor, muss das nach seiner Meinung falsch bewertete Mitglied dem Plattformanbieter eBay nachweisen, dass die Bewertung nicht im Sinne der eBay-Regeln abgegeben wurde.

Je nach Sachverhalt kann sich das negativ bewertete Mitglied mit dem bewertenden Mitglied auf eine einvernehmliche Rücknahme der Bewertung einigen. Bei einer Einigung würde bei beiden Mitgliedern der Bewertungspunkt gelöscht. Leider bleibt bei dieser Lösung der Bewertungskommentar bestehen, wird aber dahingehend ergänzt, dass eine einvernehmliche Rücknahme stattgefunden hat.

War der Löschungsantrag bei eBay oder die einvernehmliche Rücknahme erfolglos, bleibt nur der Klageweg. In diesem Fall muss das Amtsgericht über das Bestehen einer Bewertung urteilen.

Möglich wäre aufgrund einer falschen Bewertung auch eine Schadensersatzklage. Allerdings ergeben sich hier einige Probleme. Der Geschädigte muss nämlich beweisen, dass zum einen ein Schaden eingetreten ist, zum anderen, dass das bewertende Mitglied bewusst eine falsche Bewertung abgegeben hat. Hier kommt man ohne anwaltliche Hilfe nicht weit.

Wichtige Schutzrechte

Grundsätzliches

Wer im Internet mit Waren handeln will, kann das zwar ohne Weiteres tun, sollte sich aber über einige wichtige Schutzrechte informieren. Dies gilt insbesondere, wenn man über eine eigene Webseite eine Handelsplattform eröffnet. Bereits an dieser Stelle können einige Fehler entstehen, die am Ende zu einem teuren Stolperstein werden können. Die folgenden vier Rechtsgebiete bedürfen einer besonderen Beachtung:

- Datenschutzrecht
- Urheberrecht
- Markenrecht
- Persönlichkeitsrecht

Verletzungen dieser Rechte können viele Probleme mit sich bringen und es drohen gerade hier Abmahnungen, Schadensersatzansprüche und Prozesskosten.

Datenschutzrecht

Wer einen Online-Shop betreibt, ist verpflichtet, auch dem Datenschutz Genüge zu tun. Wird dies versäumt, kann das zu teuren Geldbußen bis zu 250.000 EUR führen. Deshalb sollte der Online-Unternehmer hier besondere Sorgfalt walten lassen. Ein Online-Shop ohne Erhebung von Kundendaten ist schlichtweg nicht möglich. Dabei ist zu beachten, dass bereits Daten eines Dritten erhoben werden, wenn dieser sich auf der Online-Shop-Seite einloggt, aber nicht bestellt. An dieser Stelle wird zum Beispiel die sogenannte IP-Adresse des Computers übermittelt und am eigenen Server gespeichert.

Maßgeblich für den Datenschutz im Zusammenhang mit Online-Shops ist das Teledienstegesetz (TDG). Demnach ist das Angebot von Waren und Dienstleitungen in elektronischen Datenbanken mit interaktivem Zugriff und unmittelbarer Bestellmöglichkeit ein Teledienst (§ 2 Abs. 2 Nr. 5 TDG), auf den das Telemediengesetz (TMG) Anwendung findet. Das bedeutet, dass die dortigen Regelungen zum Datenschutz einzuhalten sind. Das TMG beschreibt grundsätzlich zwei Personen: den Diensteanbieter und den Nutzer. Der Diensteanbieter ist in diesem Zusammenhang der Betreiber des Online-Shops, als Nutzer wird entsprechend der Kunde bezeichnet.

Pflichten des Diensteanbieters

Der Diensteanbieter hat zu Beginn des Nutzungsvorgangs den Nutzer über Art, Umfang und Zweck der Erhebung und Verwendung personenbezogener Daten hinzuweisen (§ 13 Abs. 1 Satz 1 TMG). Werden die Daten außerhalb der EU verwendet, ist der Nutzer über die sogenannte Datenschutzerklärung darauf hinzuweisen. Die Datenschutzerklärung muss in einfacher Form und verständlich verfasst sein. Dem Nutzer muss klar sein, wofür seine Daten vom Diensteanbieter genutzt werden. Der Inhalt der Unterrichtung muss für die Nutzer jederzeit abrufbar sein.

Einwilligung durch den Nutzer

Die Unterrichtung des Nutzers allein reicht nicht aus. Darüber hinaus muss sich der Nutzer auch mit der Nutzung der Daten einverstanden erklären. Im Zusammenhang mit einem Online-Shop sollte der Diensteanbieter immer eine elektronische Einwilligung vom Kunden einholen.

Wichtig: Der Diensteanbieter muss nachweisen, dass der Nutzer die Datenschutzerklärung zur Kenntnis genommen hat. Auf den Seiten des Online-Shops kann dies dadurch sichergestellt werden, dass die Datenschutzerklärung nicht nur sichtbar gespeichert, sondern auch in den Bestellvorgang eingebaut wird. Beispielsweise könnte vor der Angabe der Bestelldaten verlangt werden, dass der Nutzer durch einen Haken unter der Datenschutzerklärung bestätigt, dass er die Datenschutzerklärung zur Kenntnis genommen hat und akzeptiert. Erst danach sollte die Möglichkeit geschaffen werden, den Bestellvorgang fortzusetzen.

Nach dem TMG muss der Diensteanbieter, bezogen auf die Datenschutzerklärung, sicherstellen, dass folgende Punkte bestätigt werden.

Checkliste: Zu bestätigende Bestandteile der Datenschutzerklärung	
1. Der Nutzer hat seine Einwilligung bewusst und eindeutig erteilt.	
2. Die Einwilligung wird protokolliert.	
3. Der Nutzer kann den Inhalt der Einwilligung jederzeit abrufen.	
4. Der Nutzer kann die Einwilligung jederzeit mit Wirkung für die Zukunft widerrufen.	

Auf das Recht des Widerrufs muss der Nutzer noch vor Abgabe seiner Einwilligung hingewiesen werden.

Weiterhin hat der Diensteanbieter durch technische und organisatorische Vorkehrungen die Gewährleistung folgender Punkte sicherzustellen.

Checkliste: Technische und organisatorische Vorkehrungen	
1. Der Nutzer kann die Nutzung des Dienstes jederzeit beenden.	
2. Die anfallenden personenbezogenen Daten über den Ablauf des Zugriffs oder der sonstigen Nutzung können unmittelbar nach der Beendigung gelöscht oder gesperrt werden, wenn Aufbewahrungsfristen gegen eine Löschung sprechen.	
3. Der Nutzer kann Telemedien gegen Kenntnisnahme Dritter geschützt in Anspruch nehmen.	
4. Die personenbezogenen Daten über die Nutzung verschiedener Telemedien können durch denselben Nutzer getrennt verwendet werden.	
5. Die Daten des Nutzers können nur für Abrechnungszwecke zusammengeführt werden.	
6. Nutzungsprofile nach § 15 Abs. 3 TMG können nicht mit Angaben zur Identifikation des Trägers des Pseudonyms zusammengeführt werden.	

Bei der Speicherung von Daten ist zwischen Bestandsdaten, Nutzungsdaten und Cookies zu unterscheiden.

Bestandsdaten

Bestandsdaten werden für die inhaltliche Ausgestaltung des Vertrages erfasst. Es handelt sich hier insbesondere um den Namen,

Anschrift, E-Mail-Adresse, Telefonnummer, Geburtsdatum und Bankdaten des Nutzers. Dabei dürfen vom Diensteanbieter grundsätzlich nur die Daten erhoben werden, die für die Durchführung des Vertrags notwendig sind.

Nutzungsdaten

Nutzungsdaten sind erforderlich, damit der Dienst im Zusammenhang mit dem Telemediendienst möglich ist. Erfasst werden hier:

- Merkmale zur Identifikation des Nutzers
- Angaben über Beginn und Ende sowie Umfang der jeweiligen Nutzung
- Angaben über die vom Nutzer in Anspruch genommenen Telemedien

§ 15 TMG regelt, wozu die Nutzungsdaten genutzt werden dürfen. Grundsätzlich sind sie nach dem Ende der Nutzung zu löschen. Sollten sie aber noch über das Ende hinaus benötigt werden, kann eine Speicherung zulässig sein.

Cookies

Bei den sogenannten Cookies handelt es sich um kleine Textdateien, die zur Speicherung von Daten dienen. In ihnen werden automatisch Informationen insbesondere über Besuchsdauer, besuchte Seiten oder Eingaben des Nutzers gespeichert. In den meisten Fällen werden sie unbemerkt vom Nutzer auf dessen Computer übertragen. Cookies können je nach Nutzung den Bestands- oder Nutzungsdaten zugerechnet werden. Der Nutzer ist über die Verwendung von Cookies zu unterrichten (§ 13 Abs. 1 Satz 2 TMG). Zudem bedarf es der Erlaubnis des Nutzers, wenn der Diensteanbieter diese entsprechend nutzen will.

Praxis-Tipp:

Die Einwilligung des Nutzers ist nur wirksam, wenn der Online-Shop-Betreiber in der Datenschutzerklärung klar, eindeutig und vollständig beschreibt, was mit den Daten geschieht. Es muss aus ihr hervorgehen, welche Daten erhoben und wie sie durch den Shop-Inhaber verarbeitet werden.

Aufbau der Datenschutzerklärung

Die Internetrecherche zu den Begriffen Datenschutz oder Datenschutzerklärung liefert eine ganze Reihe Muster und Hinweise zu Datenschutzerklärungen. Das einzige Problem dabei ist, dass es natürlich auch nur Muster oder individuelle Erklärungen verschiedener Unternehmer sind. Dennoch ist es möglich, eine eigene Datenschutzerklärung zu erstellen. Zahlreiche Erklärungen und die notwendigen Informationen finden sich im Netz. Aus urheberrechtlichen Gründen sollten diese aber nicht abgeschrieben werden.

Praxis-Tipp:

Wer sich das nicht selbst zutraut oder ganz sichergehen will, kann sich die Datenschutzerklärung auch über einen im Internet vertretenden Rechtsanwalt erstellen lassen.

Bestandteile der Datenschutzerklärung

- Einleitung über die Erhebung
- Hinweis über automatisch übermittelte Daten durch den Internet-Browser
- Hinweise zu den Bestandsdaten
- Hinweise zu den Nutzungsdaten
- Hinweise zu den Cookies
- Hinweise zum Auskunftsrecht

Je nach Gebrauch der Daten sind Hinweise bezüglich der Verweigerung der Einwilligung notwendig. Ein Muster einer Datenschutzerklärung finden Sie auf Seite 207.

Urheberrecht

Mit der zunehmenden Anziehungskraft des Internets und den beinahe scheinbar unbegrenzten Möglichkeiten, Daten zu speichern oder herunterzuladen, nehmen auch die Verletzungen des Urheberrechts zu. Damit einhergehend steigt auch die Zahl der auf Abmahnungen im Internet spezialisierten Rechtsanwälte.

Doch wie kann es im Online-Handel zu Urheberrechtsverletzungen kommen? Das Handeln mit Waren hat grundsätzlich nichts damit zu tun, sofern es sich um legale Ware handelt. Anders wäre das, wenn beispielsweise Raubkopien verkauft werden. Hier liegen neben der Urheberrechtsverletzung weitere Straftaten vor. Das Augenmerk ist in diesem Zusammenhang auf die Gestaltung der Webseite zu richten.

Wer eine Webseite erstellt und dabei nicht eigene Texte, Bilder, Grafiken oder Musik benutzt, kann bereits das Urheberrecht des Eigentümers verletzt haben. Natürlich ist auch das eigene Urheberrecht im Zusammenhang mit der erstellten Seite geschützt.

Um die eigene Webseite urheberrechtssicher zu erstellen, müssen bestimmte Dinge beachtet werden.

Was wird vom Urheberrecht geschützt?

Nach § 1 UrhG werden die Urheber von Werken der Literatur, Wissenschaft und Kunst über das Urhebergesetz geschützt. Bezogen auf eine Webseite kommen dabei folgende Seitenbestandteile in Betracht:

- Auszüge aus Sprach- und Schriftwerken (z. B. Bücher, Zeitschriften oder anderen Webseiten)
- Computerprogramme und Reden
- Musikstücke oder Teile von Musikstücken
- Abbildung von Kunstwerken (z. B. Bilder, Skulpturen) und Werken der Baukunst
- Fotos und Lichtbildwerke
- Filmwerke oder Ausschnitte aus Filmwerken
- Darstellungen wissenschaftlicher oder technischer Art (z. B. Zeichnungen, Pläne, Karten, Skizzen, Tabellen, plastische Darstellungen)

Voraussetzung aber ist, dass es sich hierbei um persönliche geistige Dinge handelt. Das UrhG sollte nicht mit dem Markengesetz verwechselt werden, das unter anderem Logos oder eingetragene Namen schützt. Weiterhin bestehen Persönlichkeitsrechte, zum Beispiel das Recht am eigenen Bild – das ist jedoch kein Urheberrecht.

Rechte des Urhebers

Bezogen auf eine Veröffentlichung seines schöpferischen Eigentums auf einer Webseite eines fremden Dritten hat der Urheber viele Rechte. Er allein kann entscheiden, was mit seinem Werk geschieht. Dies sind beispielsweise Entscheidungen darüber:

- ob das Werk überhaupt veröffentlicht wird
- wie und in welcher Form es veröffentlicht wird
- ob es vor der Veröffentlichung verändert werden darf
- wie lange es veröffentlicht werden darf

Einschränkungen oder Grenzen findet das Urheberrecht beispielsweise im Bereich des persönlichen Gebrauchs (z. B. Erstellen von Kopien für den Hausgebrauch).

Kennzeichnung von Werken

In Deutschland umfasst das Urhebergesetz die oben genannten Werke. Dies gilt auch dann, wenn die Werke nicht gesondert gekennzeichnet sind, etwa mit den Zeichen ©, ® oder ™. Im internationalen Warenverkehr, vor allem in den USA, sind nur die Werke urheberrechtlich geschützt, die mit einem dieser Zeichen versehen sind.

Aber: Verlassen Sie sich im internationalen Bereich nicht auf das Nichtbestehen der Kennzeichnung!

Verwendung auf der eigenen Webseite

Die einfachste Lösung ist, nur eigene Texte und Bilder, Programme oder Werbungen zu verwenden, um auf der sicheren Seite zu sein.

Soll aber das schöpferische Gut eines anderen verwendet werden, muss sich der Nutzer diese Nutzung vom Urheber genehmigen lassen. Bei Computerprogrammen spricht man beispielsweise von der Lizenz. Grundsätzlich sollte mit dem Urheber schriftlich vereinbart werden, wofür dessen Werk genutzt werden soll und vor allem genutzt werden darf. Die Schriftform ist nach Meinung des Autors für eine spätere Beweisführung in einem Prozess wegen Urheberrechtsverletzungen zwingend.

Praxis-Tipp:

Auch wenn das Internet viele schöne Inhalte bietet, die man auf der eigenen Webseite nutzen möchte, sollte man diese nicht ohne Genehmigung des Urhebers verwenden. Geht nicht klar hervor, wer der Urheber ist, sollte man auf eine Veröffentlichung bzw. Nutzung verzichten.

Folgen einer Urheberrechtsverletzung

Wer das Urheberrecht verletzt, muss zahlen – so einfach könnte man die Folgen einer Urheberrechtsverletzung beschreiben. Zwischenzeitlich gibt es ganze Scharen von Anwälten, die sich auf dieses Rechtsgebiet spezialisiert haben. In vielen Fällen suchen diese ganz gezielt nach Begriffen und der damit einhergehenden Verletzung. Dabei hilft der Umstand, dass das Internet eigentlich nichts vergisst.

Ein einfaches Beispiel ist der Stadtplan auf der eigenen Webseite. Es ist nicht unüblich, die Beschreibung des Anfahrtswegs mit einem Auszug aus einem Stadtplan zu unterstreichen. Doch woher kommt der Stadtplan? Kopiert man diesen einfach aus dem Netz, liegt bereits eine Urheberrechtsverletzung vor.

Wer mit Musik handeln möchte, sollte vorher unbedingt einen spezialisierten Rechtsanwalt aufsuchen. Hier sind Abmahnungen quasi schon an der Tagesordnung.

Hat jemand entdeckt, dass eine Urheberrechtsverletzung vorliegt, kann eine Abmahnung erfolgen. Diese ist zumeist mit Kosten in Höhe von 100 bis 20.000 EUR versehen. Doch eine Abmahnung alleine ist kein Richterspruch. Das heißt, dass die geforderten Beträge nicht immer zu zahlen sind. Vor der Zahlung sollte man grundsätzlich einen Anwalt befragen, ob die Abmahnung gerechtfertigt ist. Manchmal sollte man einen Rechtsstreit nicht scheuen.

Markenrecht

Jede natürliche oder juristische Person oder Personengesellschaft kann sich Marken, geschäftliche und geografische Bezeichnungen über das Markengesetz (MarkenG) schützen lassen.

Was gilt als Marke?

Eine Marke kann fast alles sein. So kann man sich Folgendes schützen lassen:

- alle einzelnen Zeichen
- Personennamen
- Abbildungen
- Buchstaben und Zahlen
- Hörzeichen

- dreidimensionale Gestaltungen, einschließlich der Form und Farbe einer Ware oder ihre Verpackung oder
- sonstige Aufmachungen, einschließlich der Farben und Farbzusammenstellungen,

die geeignet sind, Waren und Dienstleistungen eines Unternehmens von den Produkten und Leistungen anderer Unternehmen zu unterscheiden.

Der Markenschutz entsteht in unterschiedlicher Weise.

Wie wird eine Marke zur Marke?

- Eintragung der Marke in das vom Patentamt geführte Markenregister
- Benutzung eines Zeichens im geschäftlichen Verkehr, soweit das Zeichen innerhalb beteiligter Verkehrskreise als Marke Verkehrsgeltung erworben hat
- notorische Bekanntheit einer Marke durch die im Sinne des Art. 6 ff. der Pariser Verbandsübereinkunft zum Schutz des gewerblichen Eigentums

Besonders für unerfahrene Online-Händler ist es schwierig festzustellen, ob eine geschützte Marke vorliegt. Dabei kann das Internet helfen.

Praxis-Tipp:

Das Internet bietet einige Suchseiten, die Sie bei der Recherche zum Thema Markenschutz unterstützen können, zum Beispiel:

- Deutsches Patent- und Markenamt (DPMA): www.dpma.de
- Amt der EU für die Eintragung von Marken und Geschmacksmustern (HABM): www.oami.europa.eu
- Handels- und Vereinsregister der Bundesländer: www.handelsregister.de
- Marken Quick-Check: www.schutzrechte-online.de

Die Suche sollte immer weltweit erfolgen, da eine Marke nicht zwingend in Deutschland oder Europa geschützt sein muss.

Was ist ein geschäftliches Zeichen?

Als geschäftliche Zeichen werden Unternehmenskennzeichen und Werktitel geschützt. Im Unterschied zu den meisten Marken müssen diese nicht in ein Verzeichnis eingetragen werden, was aber nicht bedeutet, dass ein oder andere Kennzeichen dort aufgeführt sind.

Unternehmenskennzeichen sind Zeichen eines Unternehmens oder Geschäftsbetriebs, die als Name, als Firma oder als besondere Bezeichnung benutzt werden. Als Werktitel bezeichnet man die Namen von Druckschriften, Filmtiteln, Tonwerken, Bühnenwerken oder sonstige vergleichbare Werke.

Wie kann ein Online-Händler das Markenrecht verletzen?

Eine Markenrechtsverletzung kann schnell geschehen. Bereits bei der Gestaltung der Webseite können erste Verletzungen begangen werden, wenn der Name der Seite einem Markennamen einer bestehenden Firma oder eines Produktes einer Firma ähnlich ist. So hat das OLG Frankfurt in einem Urteil entschieden, dass die Bezeichnung „Blaue Seiten“ im Zusammenhang mit einem Branchenverzeichnis eine Verwechslungsgefahr mit der bekannten Marke „Gelbe Seiten“ birgt. Ähnliches gilt für die Farbe „Postgelb“.

In einem anderen Fall hatte eine Firma mit dem Slogan „... sucht Deutschlands hässlichstes Jugendzimmer“ sowie einem ovalen, blauen Logo geworben. In seiner Ausführung erinnerte es stark an das Logo der Casting-Show „Deutschland sucht den Superstar“. Das OLG Köln sah hier einen Markenrechtsverstoß.

Doch auch beim Vertrieb von Waren über eine Internetauktionsplattform kann gegen das MarkenG verstoßen werden. Eine besondere Beachtung sollte dabei auf die Produktbeschreibung gelegt werden. Dies gilt vor allem dann, wenn die Ware nicht über den Vertriebsweg des Herstellers erworben wurde. In einem Urteil des OLG Düsseldorf wurde ein Händler zur Unterlassung verurteilt, weil er im Rahmen von Porzellanangeboten den Unternehmensnamen „Meissen“ und das Warenzeichen der Firma dargestellt hat. Die Porzellanprodukte stammten jedoch nicht aus dem Betrieb der Firma „Meissen“.

Der Handel mit Plagiaten ist grundsätzlich gefährlich. Im ungünstigsten Fall warten sogar strafrechtliche Folgen. Dabei ändert es auch nichts, dass man in seinem Angebot darauf hinweist, dass es sich um eine Fälschung handelt (BGH vom 30.04.2008, Az. I/ZR 73/05).

Folgen einer Rechtsverletzung

Wie auch bei den Urheberrechtsverletzungen ist bei entdeckten Verstößen mit Abmahnungen bis zu Unterlassungs- und Schadensersatzklagen der Rechteinhaber zu rechnen. Dies sollte man vermeiden, da die Kosten für eine Klage schnell den fünfstelligen Bereich erreichen können.

Persönlichkeitsrechte

Bei der Erstellung einer Webseite ist darauf zu achten, keine Persönlichkeitsrechte eines Menschen zu verletzen. Am bekanntesten ist in diesem Zusammenhang wohl das Recht am eigenen Bild. Allerdings gibt es kein spezielles Gesetz, das die Persönlichkeitsrechte regelt, jedoch finden sich einzelne Regelungen dazu in verschiedenen Gesetzen.

Bereits im Grundgesetz der Bundesrepublik sind Persönlichkeitsrechte verbrieft. Es handelt sich hierbei um die Art. 1 Abs. 1 GG (Schutz der Menschenwürde) und Art. 2 Abs. 1 GG (Freie Entfaltung der Persönlichkeit). Nach dem BGH schützt das Grundgesetz damit die

- Intimsphäre,
- Privatsphäre,
- Individualsphäre

eines jeden Menschen.

Schutz der Intimsphäre

Der Schutz der Intimsphäre umfasst die innere Gedanken- und Gefühlswelt sowie das Sexualleben. Bezogen auf das Internet, könnte dieses Recht beispielsweise mit der Veröffentlichung eines privaten Briefes verletzt werden.

Schutz der Privatsphäre

Die Privatsphäre schützt die Familie und das Privatleben. Eine Verletzung entsteht etwa, wenn jemandem unverlangt eine E-Mail übersendet wird. Aber auch Beleidigungen, die auch strafrechtliche Folgen nach sich ziehen, sind eine Verletzung der Privatsphäre. Dazu kommen alle Verfälschungen über das Leben oder die Lebensart einer Person. Wer eine Werbung für seine Webseite erstellt, sollte bereits an dieser Stelle wissen, dass der Name und/oder das Bild ohne

Genehmigung der betroffenen Person nicht verwendet werden dürfen. Der Name ist zusätzlich über § 12 BGB geschützt.

Schutz der Individualsphäre

Eine Individualrechtsverletzung liegt vor, wenn ein Mensch in seinem Recht auf Selbstbestimmung eingeschränkt wird. Dies dürfte aber bei der Erstellung einer Webseite mit Daten und Sachverhalten anderer Personen nicht vorkommen.

Das Recht am eigenen Bild findet sich zum einen im Recht auf Privatsphäre wieder, zum anderen im Kunsturhebergesetz (KunstUrHG). Nach § 22 KunstUrhG dürfen Bildnisse einer Person nur mit der Einwilligung des Abgebildeten verbreitet oder öffentlich zur Schau gestellt werden. Nimmt der Abgebildete dafür eine Entlohnung, so wird zugunsten des Verbreitenden unterstellt, dass die Einwilligung vorliegt.

Praxis-Tipp:
Soll eine andere Person als der Webseitenbetreiber von der Webseite den Kunden anlächeln, sollte man zuvor eine schriftliche Genehmigung einholen. Dies gilt auch dann, wenn es sich bei der Person um einen guten Bekannten handelt.

Aber: Nicht jede Veröffentlichung einer Abbildung bedarf der Einwilligung. Bei folgenden Abbildungen kann darauf verzichtet werden (§ 23 KunstUrhG):

- Bildnisse aus dem Bereich der Zeitgeschichte
- Bilder, auf denen die Personen nur als Beiwerk neben der Landschaft oder sonstigen Örtlichkeit erscheinen
- Bilder von Versammlungen, Aufzügen und ähnlichen Vorgängen, an denen die dargestellte Person teilgenommen hat
- Bildnisse, die nicht auf Bestellung angefertigt sind, sofern die Verbreitung oder Schaustellung einem höheren Interesse der Kunst dient

Die Befugnisse über die Verbreitung oder Schaustellung finden aber Grenzen, sofern die Interessen des Abgebildeten oder – falls dieser verstorben ist – seiner Angehörigen verletzt.

Werden die Persönlichkeitsrechte verletzt, ergeben sich aus dem BGB Unterlassungsansprüche der betroffenen Person. Im weiteren Verlauf kann dies zu Schadensersatzansprüchen (§ 823 Abs. 2 BGB) oder Schmerzensgeld (§ 823 Abs. 1 BGB) führen. Wurde ein Bild unbefugt erstellt, besteht zusätzlich der Anspruch auf dessen Vernichtung.

Das Impressum

Grundsätzliches

Wer geschäftsmäßig eine Webseite betreibt, darf das nicht mehr anonym tun. Dies gilt insbesondere, wenn man als sogenannter Diensteanbieter nach dem Telemediengesetz (TMG) gilt. Das sind unter anderem natürliche Personen, die im Rahmen eines Online-Shops Waren an Nutzer (Kunden) vertreiben. Demzufolge muss der Unternehmer beim Aufbau der Webseite eines Online-Shops auch ein Impressum erstellen.

Das Bundesministerium für Justiz sieht im Impressum die für den Verbraucher notwendige Information über den Anbieter erfüllt. So soll das Impressum den Verbraucher in die Lage versetzen, die Seriosität des Webseiteninhabers überprüfen zu können. Gerade im elektronischen Geschäftsverkehr müssen hier höhere Maßstäbe angelegt werden, da Anbieter und Kunde sich in der Regel nicht persönlich gegenüberstehen.

Wird gegen die Impressumspflicht seitens des Diensteanbieters verstoßen, sind Bußgelder bis zu 50.000 EUR möglich. Weiterhin kann das Fehlen eines Impressums zu Abmahnungen durch Mitbewerber führen, da ein Wettbewerbsverstoß vorliegt. Dies gilt auch, wenn ein Impressum zwar vorhanden, aber fehlerhaft oder unvollständig ist.

Wichtig: Bei der Erstellung des Impressums ist sorgfältig zu arbeiten. Die Forderungen des § 5 TMG sollten vollständig eingehalten werden.

Bestandteile

§ 5 TMG regelt, was ein Impressum beinhalten muss. Natürliche Personen müssen dabei folgende Angaben machen:

Impressum: Natürliche Personen	
Angabe	**Erläuterungen zur Angabe**
Name und Vorname	mindestens ein vollständig ausgeschriebener Vorname
vollständige ladungsfähige Anschrift	Eine vollständige Anschrift umfasst die Postleitzahl, Stadt, Straße und Hausnummer. Die Angabe eines Postfaches erfüllt die Anforderungen nicht.

Impressum: Natürliche Personen	
Angabe	**Erläuterungen zur Angabe**
zwei Kontaktinformationen	Gefordert ist die E-Mail-Adresse und die Angabe eines weiteren elektronischen oder nicht elektronischen Kommunikationsmittels (z. B. Fax oder Telefonnummer). Derzeit ist strittig, ob eine Telefonnummer zwingend anzugeben ist. Es wird empfohlen, diese anzugeben.
Umsatzsteuer-Identifikationsnummer nach § 27a UStG oder Wirtschafts-Identifikationsnummer nach § 139c AO	Die Angabe erfolgt nur, wenn diese auch erteilt wurde. Die Steuernummer ist nicht erforderlich.

Handelt es sich beim Anbieter um eine juristische Person oder Personengesellschaft, sind folgende Angaben erforderlich:

Impressum: Juristische Person oder Personengesellschaft	
Angabe	**Erläuterungen zur Angabe**
Firmenname	Der Firmenname muss vollständig ausgeschrieben sein.
vollständige ladungsfähige Anschrift	wie natürliche Personen Liegen mehrere Niederlassungen vor, muss mindestens die Hauptniederlassung angeben werden.
vertretungsberechtigte Personen	Der oder die gesetzlichen Vertreter der Gesellschaft sind namentlich zu nennen.
Gesellschaftskapital	Die Angaben hierzu sind freiwillig.
zwei Kontaktinformationen	wie natürliche Personen
Umsatzsteuer-Identifikationsnummer nach § 27a UStG oder Wirtschafts-Identifikationsnummer nach § 139c AO	wie natürliche Personen

Je nach Art des Diensteanbieters müssen ggf. folgende Angaben gemacht werden:

- Benötigt der Diensteanbieter für seine Tätigkeit eine behördliche Zulassung (z. B. Makler, Gaststättenbetreiber, Versicherungsunternehmer), ist die zuständige Zulassungs- und Aufsichtsbehörde aufzunehmen. Handelt es sich dabei um zwei verschiedene

Behörden, sind beide zu nennen. Die Nennung hat mit der Postanschrift zu erfolgen (derzeit strittig). Wurde die Zulassung nicht erteilt, ist dennoch die zuständige Behörde zu nennen.

- Ist der Diensteanbieter in einem öffentlichen Register (z. B. Handels-, Vereins-, Partnerschafts- oder Genossenschaftsregister) eingetragen, ist die Registernummer und das Register zu benennen (z. B. Handelsregister Amtsgericht Essen, HRB 12345). Dies gilt auch, wenn die Registrierung im Ausland erfolgte (z. B. bei einer Limited).
- Handelt es sich beim Diensteanbieter um Angehörige von reglementierten Berufen (z. B. Steuerberater, Rechtsanwälte, Ingenieure oder Ärzte), müssen die entsprechende Berufskammer, die gesetzliche Berufsbezeichnung sowie die Stadt, in der die Berufsbezeichnung verliehen worden ist, genannt werden. Weiterhin ist die Bezeichnung der berufsrechtlichen Regelung und des Zugangs zu den berufsrechtlichen Regelungen aufzuführen. Gemeint sind hier die rechtlichen Normen, die Voraussetzung für die Ausführung des Berufs sind und welche das Führen eines möglichen Titels (z. B. Dr.) regeln. Die Angabe der Fundstelle reicht aus (Gesetz- und Satzbezeichnung).

Sind alle Angaben vollständig gemacht, ist grundsätzlich davon auszugehen, dass das Impressum vollständig ist. Jedoch sollte in unbestimmten Abständen durch Recherchen im Internet geprüft werden, ob das Impressum noch auf dem rechtlich aktuellen Stand ist. Das Bundesministerium der Justiz empfiehlt hier die Webseite: www.ecommerce-verbindungsstelle.de

Sichtbarkeit

Ähnlich wie die AGB muss auch das Impressum gut sichtbar auf der Webseite erscheinen. Gemeint ist hier zunächst ein gut sichtbarer Link auf der Hauptseite, so dass es vom Nutzer schnell entdeckt werden kann. Weiterhin wird gefordert, dass es unmittelbar erreichbar ist. Gemeint ist hier, dass nach dem Link keine weiteren Zwischenschritte erforderlich sein dürfen. Eine Verknüpfung des Impressums mit den AGB ist möglich.

Praxis-Tipp:

Der Link zum Impressum sollte auch so benannt werden. Andere, nicht übliche Bezeichnungen können zu Missverständnissen führen. Nach dem BGH ist auch die Bezeichnung „Kontakt" zulässig.

Das Impressum selbst muss übersichtlich und verständlich geschrieben sein. Das heißt vor allem, dass die Schriftform in angemessener Größe sein soll.

Wie die AGB muss auch das Impressum ständig verfügbar sein. Das heißt, der Nutzer muss jederzeit auf diese Zugriff haben, wenn er die Webseite aufruft.

Die Rechnung

Zivilrechtliche Bedeutung

Ein wesentlicher Bestandteil des Geschäftsbetriebs ist die Rechnung. Allerdings hat sie im rechtlichen Sinne unterschiedliche Bedeutungen. So muss stark zwischen der zivilrechtlichen und der steuerrechtlichen Bedeutung unterschieden werden.

Im Zivilrecht wird der Rechnung nur wenig Bedeutung zugemessen. Hier kommt es nämlich darauf an, was im Vertrag vereinbart wurde. Nur davon ausgehend werden Rechte und Pflichten des Leistenden (z. B. Verkäufer) und des Leistungsempfängers (z. B. Käufer) geregelt. Im Wesentlichen kann man sagen, dass eine Rechnung im Zivilrecht nur eine Zusammenfassung der im Vertrag vereinbarten Bedingungen ist. Hierbei handelt es sich beispielsweise um die Namen und Anschriften von Käufer und Verkäufer, den Umfang der Leistung, den Preis und das Zahlungsziel.

Da in der Regel zivilrechtlich keine Rechnung verlangt wird, beantwortet sich eine oft gestellte Frage von selbst, nämlich die Frage nach der Unterschrift. Die Unterschrift des Leistenden und des Leistungsempfängers sind auf einer Rechnung nicht erforderlich; eine solche Regelung wäre im täglichen Leben kaum durchzusetzen. Man stelle sich vor, eine Kassiererin im Supermarkt müsste jeden Kassenbon – der nichts anderes als eine Rechnung ist – unterschreiben. Die Schlange an der Kasse würde lang werden.

Eine Rechnung hat aber auch Wirkung, wenn der Leistungsempfänger den geforderten Betrag nicht bezahlt. In diesem Fall gerät dieser spätestens in Verzug, wenn er nicht innerhalb von 30 Tagen nach Fälligkeit und Zugang der Rechnung leistet. Handelt es sich bei dem Leistungsempfänger um einen Verbraucher, so gilt das nur, wenn in der Rechnung darauf hingewiesen wurde. Alle anderen Leistungsempfänger geraten nach dem Gesetz innerhalb von 30 Tagen automatisch in Verzug. Maßgeblich ist in diesem Fall der Empfang der Gegenleistung.

Eine Quittung ist übrigens keine Rechnung. Mit einer Quittung wird nur der Empfang einer Leistung bestätigt, z. B. die Bescheinigung über den Empfang eines Geldbetrages.

Steuerrechtliche Bedeutung

Steuerrechtlich hat eine Rechnung wesentlich mehr Bedeutung. Das Fehlen einer Rechnung kann je nach Sachlage dazu führen, dass das Finanzamt zur Sicherung des Steueraufkommens Umsätze im Wege der Schätzung ermittelt. Das kann ziemlich teuer werden. Um dies zu vermeiden, sollte man die steuerlichen Rechnungsvorschriften beachten und einhalten.

Im Zusammenhang mit einem Online-Shop sind insbesondere die umsatzsteuerrechtlichen Vorschriften zu beachten. Die hier geforderten Formvorschriften können bei Nichteinhaltung einige Probleme bereiten. §§ 14 ff. UStG legen eindeutig fest, was in einer Rechnung aus umsatzsteuerrechtlicher Sicht stehen muss. Dabei ist grundsätzlich zwischen zwei Rechnungen zu unterscheiden:

- normale Rechnung für alle Geschäftsvorfälle
- Rechnung über Kleinbeträge

Normale Rechnung

Die „normale" Rechnung muss zwingend folgende neun Bestandteile aufweisen:

1. Den vollständigen Namen und die vollständige Anschrift des leistenden Unternehmers und des Leistungsempfängers.

   Eine vollständige Anschrift umfasst die vollständigen Namen beider am Geschäft beteiligten Personen. Dies gilt insbesondere für den Leistungsempfänger, wenn es sich hierbei um einen Unternehmer handelt. Dabei reicht es etwa nicht aus, statt des richtigen Namens den Firmennamen zu nennen.

Beispiel:

Dieter Klein liefert 100 Paar Socken an die Firma Socken 1000, Inhaber Luis Müller, Bergstraße 100, 45309 Essen.

Falsch: Firma Socken 1000, Bergstraße 100, 45309 Essen

Richtig: Firma Luis Müller, Bergstraße 100, 45309 Essen

Die richtige Bezeichnung des Leistungsempfängers ist besonders dann von Bedeutung, wenn der Leistungsempfänger selbst Unternehmer und somit zum Vorsteuerabzug berechtigt ist.

2. Die vom Finanzamt erteilte Steuernummer oder vom Bundeszentralamt für Steuern (BZSt) erteilte Umsatzsteuer-Identifikationsnummer.

   Hat man ein Unternehmen ordnungsgemäß angemeldet, erteilt das Finanzamt dem Unternehmer eine entsprechende Steuernummer. Diese muss in der Rechnung enthalten sein. Wurde zudem eine Umsatzsteuer-Identifikationsnummer beantragt, kann diese statt der Steuernummer in der Rechnung enthalten sein.

   Aber: Rechnet der Leistungsempfänger im Wege von Gutschriften mit Leistenden ab, muss die Rechnung zusätzlich die Steuernummer des Gutschriftempfängers enthalten.
3. Das Ausstellungsdatum der Rechnung.
4. Eine eindeutige Rechnungsnummer, die sich einem Nummernkreis zuordnen lässt.

   Alle Rechnungen sind mit einer sogenannten Rechnungsnummer zu versehen. In der Formwahl ist man im Wesentlichen frei. So kann die Rechnungsnummer nur aus Zahlen, nur aus Buchstaben oder einer Kombination von Zahlen und Buchstaben bestehen. Sie dürfen sich allerdings im Wirtschaftsjahr nicht wiederholen.

   Die einfachste Variante ist eine simple Zahlenfolge, die zu Beginn des Wirtschaftsjahres mit der Zahl 1 beginnt. Oftmals wird eine fortlaufende Nummer auch mit der Jahreszahl des Wirtschaftsjahres kombiniert (z. B. 1/2010, 2/2010 usw.).

Wichtig: Der verwandte Nummernkreis muss einer Prüfung durch das Finanzamt standhalten. Sollte es zu einer Umsatzsteuersonder- oder Betriebsprüfung kommen, werden die Nummernkreise auf fehlende Rechnungsnummern geprüft.

Praxis-Tipp:

Der Rechnungsnummernkreis sollte so einfach wie möglich gestaltet werden. Der Unternehmer kann zum einen selbst prüfen, ob er alle Rechnungen geschrieben hat, zum anderen können so mögliche Beanstandungen durch das Finanzamt vermieden werden.

5. Die Menge und die Art der gelieferten Gegenstände oder den Umfang und die Art der sonstigen Leistung.

   Dieser Bestandteil fordert neben der Menge der gelieferten Gegenstände auch die handelsübliche Bezeichnung der gelieferten Gegenstände, das heißt die Angabe darüber, was in welcher Menge geliefert wurde.

Beispiele:

- 100 Paar blaue Socken, Größe 42
- 1 Kühlschrank Marke Bosch 1200
- 12 Flaschen Duschgel 100 ml, orange

- Anhand dieser Formvorschrift möchte das Finanzamt prüfen, ob der Wareneinkauf mit dem Warenverkauf übereinstimmt, das heißt, ob die Waren, die eingekauft worden waren, tatsächlich auch verkauft wurden oder ob es sich um die gleichen Waren handelt.

  Rechnet man über eine sogenannte Dienstleistung ab, ist diese entsprechend zu bezeichnen.

6. Den Zeitpunkt der Lieferung oder sonstigen Leistung oder der Vereinnahmung des Entgelts bei Anzahlungen, sofern dieser Zeitpunkt feststeht und nicht mit dem Ausstellungsdatum der Rechnung identisch ist.

   Im Umsatzsteuerrecht kommt es für die Besteuerung grundsätzlich auf den Zeitpunkt an, an dem Lieferung oder Dienstleistung ausgeführt worden ist. Aus diesem Grund wird auch verlangt, dass in der Rechnung aufgeführt wird, an welchem Tag dies erfolgte. Liegen Leistungs- und Rechnungstag zusammen, zum Beispiel, weil die Rechnung mit der Ware übergeben oder versandt wurde, muss kein gesondertes Datum aufgeführt werden. Liegen Rechnung und Lieferung auseinander, ist das Lieferdatum in der Rechnung zu vermerken.

Beispiel:

Firma Müller holt bei Firma Klein am 10.05.2010 einen Fernseher ab. Am Tag der Abholung quittiert der Fahrer auf einem Lieferschein der Firma Klein, dass er die Ware erhalten hat. Am 20.05.2010 erstellt die Firma Müller hierüber eine Rechnung.

In der Rechnung der Firma Müller muss aufgeführt werden, dass der Fernseher bereits am 10.05.2010 ausgeliefert wurde.

Wurde ein Lieferschein ausgestellt, wird dieser zum Bestandteil der späteren Rechnung.

Gleiches gilt auch, wenn es sich um eine Rechnung im Zusammenhang mit einer Dienstleistung handelt.

Wurde vor der eigentlichen Lieferung eine Anzahlung geleistet, ist in der Rechnung der Tag aufzuführen, an dem man das Geld tatsächlich erhalten hat. Gleiches gilt für die Höhe des vereinnahmten Betrages. Maßgeblich ist nicht die vereinbarte Höhe der Anzahlung, sondern das tatsächlich erhaltene Geld.

Beispiel:

Firma Klein verlangt für eine Lieferung von Waren eine Anzahlung in Höhe von 5.000 EUR, der Kunde überweist aber nur 4.000 EUR.

In der Endabrechnung sind die 4.000 EUR als Anzahlung aufzuführen.

7. Das nach Steuersätzen und einzelnen Steuerbefreiungen aufgeschlüsselte Entgelt für die Lieferung oder sonstige Leistung sowie jede im Voraus vereinbarte Minderung des Entgelts, sofern sie nicht bereits im Entgelt berücksichtigt ist (vgl. Punkt 8).
8. Den anzuwendenden Steuersatz sowie den auf das Entgelt entfallenden Steuerbetrag oder im Fall einer Steuerbefreiung einen Hinweis darauf, dass für die Lieferung oder sonstige Leistung eine Steuerbefreiung gilt.

   Punkt 7 und 8 können im Zusammenhang gesehen werden. In der Umsatzsteuer gibt es neben den bekannten Steuersätzen von sieben und 19 Prozent weitere Steuersätze. Der Gesetzgeber verlangt an dieser Stelle, dass die Preise nach den einzelnen Steuersätzen aufgeteilt, die Steuersätze hierzu aufgeführt und die Steuerbeträge errechnet werden.

   Wurde die Steuer falsch berechnet, haftet grundsätzlich der leistende Unternehmer dem Finanzamt gegenüber für den falschen Steuerbetrag. Das heißt, der Unternehmer muss den falschen Steuerbetrag an das Finanzamt überweisen. Gleiches gilt, wenn man nicht berechtigt war, den Umsatzsteuerbetrag in der Rechnung gesondert auszuweisen. Dies wäre etwa bei den sogenannten umsatzsteuerrechtlichen Kleinunternehmern der Fall.

Beispiel:

Der Unternehmer Dieter Klein lieferte im obigen Beispiel 100 Paar Socken. Die Socken unterliegen dem Regelsteuersatz von 19 Prozent. Dazu liefert er noch einen Roman aus seinem Sortiment. Der Roman ist mit dem ermäßigten Steuersatz von 7 Prozent zu versteuern.

Der Abrechnungsteil könnte folgendermaßen aussehen:

1 Roman	10,00 EUR
Umsatzsteuer 7 %	0,70 EUR
Summe	10,70 EUR
100 Paar Socken, blau, Größe 42	200,00 EUR
Umsatzsteuer 19 %	38,00 EUR
Summe	238,00 EUR
Gesamt	**248,70 EUR**

Andere Darstellungsformen sind natürlich auch möglich; beispielsweise könnte der Abrechnungsteil einer Supermarktrechnung herangezogen werden.

Ist die Lieferung von der Umsatzsteuer befreit, ist nur der Nettobetrag in der Rechnung aufzuführen. Dies könnte etwa der Fall sein, wenn die Waren ins Ausland geliefert werden und hierfür die Steuerbefreiungsvorschriften gelten. Gleiches gilt für umsatzsteuerfreie Dienstleistungen.

In diesem Fall muss statt dem Umsatzsteuersatz und -betrag die Steuerbefreiungsvorschrift genannt werden.

Beispiel:

Die Lieferung ist nach § ... umsatzsteuerfrei.

Gleiches gilt, wenn die Steuerschuld nach § 13b UStG auf den Leistungsempfänger übertragen wird.

Beispiel:

Sie schulden gemäß § 13b UStG als Leistungsempfänger dem Finanzamt die Umsatzsteuer.

9. In den Fällen, in denen der Unternehmer eine umsatzsteuerpflichtige Werkleistung oder sonstige Leistung im Zusammenhang mit einem Grundstück an einen Nichtunternehmer ausführt, muss auf der Rechnung aufgeführt werden, dass der Leistungsempfänger diese zwei Jahre aufbewahren muss.

Diese neun Punkte beschreiben die Mindestanforderungen an eine Rechnung nach dem UStG. Jedoch gibt es zusätzliche Pflichtabgaben, doch nicht jede ist für einen Online-Shop wichtig. Demzufolge beschränken wir uns auf die wichtigsten Angaben:

- Erbringt ein Unternehmer eine innergemeinschaftliche Lieferung an einen Unternehmer in einem Mitgliedstaat, muss auf der Rechnung dessen Umsatzsteuer-Identifikationsnummer aufgeführt werden.
- Wird durch den Unternehmer die Differenzbesteuerung nach § 25a UStG angewandt, ist in der Rechnung darauf zu verweisen.

Für normale Lieferungen oder Dienstleistungen innerhalb Deutschlands sind die Punkte 1 bis 9 ausreichend.

Praxis-Tipp:

Wer sich nicht sicher ist, ob die Rechnung neben den genannten alle weiteren notwendigen Bestandteile enthält, kann in der Umsatzsteuervoranmeldestelle des Finanzamtes telefonisch nachfragen.

Rechnung über Kleinbeträge

Die sogenannte Kleinbetragsrechnung ist eine von den Formerfordernissen etwas abgeschwächte Rechnung. Eine solche Rechnung liegt vor, wenn der Gesamtbetrag der Rechnung 150 EUR nicht übersteigt. Der Gesamtbetrag umfasst dabei den Nettobetrag zzgl. der Umsatzsteuer.

Eine solche Rechnung hat mindestens folgende Angaben zu beinhalten:

- den vollständigen Namen und die vollständige Anschrift des leistenden Unternehmers
- Ausstellungsdatum der Rechnung
- Menge und Art der gelieferten Gegenstände oder Umfang und Art der sonstigen Leistung
- Entgelt und den darauf entfallenden Steuerbetrag für die Lieferung oder sonstige Leistung in einer Summe sowie den anzuwendenden Steuersatz oder im Fall einer Steuerbefreiung einen Hinweis darauf, dass für diese Lieferung oder sonstige Leistung eine Steuerbefreiung gilt

Eine Kleinbetragsrechnung kann nicht ausgestellt werden, wenn es sich bei der Leistung um

- eine innergemeinschaftliche Lieferung oder
- eine Leistung im Sinne des § 13b UStG handelt.

Werden in der Kleinbetragsrechnung Lieferungen mit unterschiedlichen Steuersätzen getätigt, müssen die Entgelte entsprechend getrennt in der Rechnung aufgeführt werden. Dies ist notwendig, da der Leistungsempfänger, sofern er zum Vorsteuerabzug berechtigt ist, die Vorsteuern entsprechend richtig buchen kann. Dies trifft natürlich auch auf den leistenden Unternehmer zu.

Elektronische Rechnung

Beim Handel im Internet stellt sich die Frage, ob die Rechnung nicht auf elektronischem Wege übermittelt werden kann. Im Zusammenhang mit dem Online-Shop kommt hier die Übermittlung per E-Mail in Betracht. Jedoch ist die Annahme falsch, dass die Übermittlung der Rechnung mit dem bloßen Übersenden des Dokuments per E-Mail erledigt wäre. Denn grundsätzlich wird die Vorlage eines Originals gefordert. Damit aber auch eine per E-Mail übermittelte Rechnung ihre Gültigkeit besitzt, muss diese

- eine qualifizierte elektronische Signatur (§ 2 Nr. 3 SigG) oder
- eine qualifizierte elektronische Signatur mit Anbieter-Akkreditierung (§ 2 Nr. 15 SigG)

aufweisen.

Um eine qualifizierte elektronische Signatur erstellen zu können, wird ein Zertifikat benötigt. Zertifikatsanbieter sind im Internet zu finden (z. B. DATEV, TrustCenter). Ist man Inhaber eines Zertifikats, wird die übermittelte Rechnung dem Original gleichgesetzt.

Praxis-Tipp:
Wer sich mögliche Gebühren sparen will oder wem die Beschaffung eines Zertifikats zu umständlich erscheint, kann die Rechnung weiterhin im Original, beispielsweise zusammen mit der Ware, versenden.

Aufbewahrung

Rechnungen können nicht so einfach vernichtet werden, sondern müssen zehn Jahre aufbewahrt werden. Dazu kommt, dass sie über den gesamten Zeitraum lesbar bleiben müssen. Dies betrifft vor allem Rechnungen, die auf dem alten Thermopapier erstellt wurden. Dieses bleicht nach einiger Zeit bis zur Unleserlichkeit aus.

Die Aufbewahrungsfrist beginnt mit dem Schluss des Kalenderjahres, in dem die Rechnung erstellt worden ist.

Beispiel:

Die Firma Klein erstellte am 10.05.2010 eine Rechnung.

Die Verjährung beginnt am 01.01.2011 und endet am 31.12. 2020. Die Rechnung kann am 01.01.2021 in den Müll geworfen werden.

Rechnungen können unter bestimmten Voraussetzungen auch auf einem Datenträger (z. B. CD-ROM) aufbewahrt werden. Dabei sind die Grundsätze der ordnungsgemäßen elektronischen Buchführung (GoBS) zu beachten. Im Wesentlichen bedeutet das, dass die auf dem Datenträger gespeicherten Daten nicht veränderbar sein dürfen und mit den Originalen übereinstimmen müssen. Ist das gewährleistet, können die Papierrechnungen vernichtet werden.

Die steuerrechtliche Gewinnermittlung

Einnahmenüberschuss-Rechnung

Wer ein Gewerbe betreibt oder freiberuflich tätig ist, muss seine Einnahmen und Ausgaben zur Vorlage beim Finanzamt aufzeichnen und darstellen. Diese Aufstellung wird aber auch für Gespräche mit Kreditinstituten benötigt, etwa um die Vergabe von Krediten oder die Höhe des Dispo-Kredits zu besprechen. Außerdem ermöglicht dies einen eigenen Überblick darüber, ob die Tätigkeit den gewünschten Erfolg erbringt.

Der Gesetzgeber verlangt nicht von jedem Freiberufler oder Gewerbetreibenden sofort eine teuere Handels- und Steuerbilanz, sondern hat insbesondere für Existenzgründer eine vereinfachte Gewinnermittlungsform geregelt, nämlich die Einnahmenüberschuss-Rechnung nach § 4 Abs. 3 EStG. Diese Form der Gewinnermittlung ermöglicht es, grundsätzlich auch ohne fremde Hilfe und somit kostengünstig seine Aufzeichnungspflichten zu erfüllen.

Die Aufzeichnungspflichten ergeben sich unter anderem aus verschiedenen Einzelparagrafen verschiedener Steuergesetze. So fordert beispielsweise § 22 UStG vom Unternehmer, Aufzeichnungen zur Feststellung der Steuer und der Grundlage ihrer Berechnung zu machen. Nach dem Einkommensteuergesetz (EStG) sind Verzeichnisse über geringwertige Wirtschaftsgüter sowie abnutzbare und nicht abnutzbare Anlagegüter zu führen. Somit führt kein Weg an der Buchführung vorbei, um den Gewinn oder auch Verlust zu ermitteln.

Bei der Einnahmenüberschuss-Rechnung erfolgt die Gewinnermittlung durch den Abzug der Ausgaben von den Einnahmen:

Betriebseinnahmen – Betriebsausgaben = Gewinn oder Verlust

Bei der Ermittlung der Betriebseinnahmen und Betriebsausgaben kommt es nicht auf die Rechnungsstellung, sondern – bis auf einige wenige Ausnahmen – darauf an, wann das Geld vom Kunden erhalten oder der Lieferant bezahlt wurde. Man spricht hier vom Zufluss-Abfluss-Prinzip oder umgangssprachlich auch vom „Kassenklingel-Prinzip".

Zufluss-Abfluss-Prinzip

Maßgeblich für die Erfassung von Einnahmen und Ausgaben bei der Einnahmenüberschuss-Rechnung ist grundsätzlich der tatsächliche Zugang der Einnahmen und der tatsächliche Abgang der Ausgaben. Entsprechend kommt es nicht darauf an, wann eine Rechnung erhalten oder eine solche für einen Kunden erstellt wurde.

Beispiel:

Der Online-Shop-Betreiber Hansi Neu erwirbt im November 2010 Waren zu einem Rechnungspreis von 2.000 EUR. Die entsprechende Rechnung datiert vom 20.11.2010. Mit Ablauf des Zahlungsziels überweist er am 14.12.2010 den Rechnungsbetrag an seinen Lieferanten.

Am 05.12.2010 verkauft er die erworbenen Waren an den Kunden Günter Groß zum Preis von 2.500 EUR. Herr Groß gleicht die Rechnung des Herrn Neu am 15.01.2011 durch Zahlung aus.

Herr Neu hat den Wareneingang im Monat Dezember zu erfassen, da er in diesem Monat die Rechnung bezahlt und somit den tatsächlichen Abfluss hat. Die Einnahme ist erst im Januar 2011 zu erfassen, da hier der tatsächliche Zufluss erfolgte.

7

In diesem Beispiel bleibt bisher unberücksichtigt, dass die Ausgangs- und die Eingangsrechnung jeweils mit Umsatzsteuer zu versehen sind. Handelt es sich um einen Vorgang, der nicht umsatzsteuerfrei ist und wird die Kleinunternehmerregelung nicht angewandt, ergeben sich hier Abweichungen.

Fälligkeit

Die Umsatzsteuer für eine Einnahme wird grundsätzlich zum Zeitpunkt der Lieferung oder Leistung fällig. Der Vorsteueranspruch aus einer Ausgabe entsteht, wenn die Lieferung und Leistung durchgeführt wurde und hierüber eine Rechnung vorliegt. Allerdings hat man bei der Umsatzsteuer und Vorsteuer sowohl eine Einnahme wie auch Ausgabe, da die Vorsteuerbeträge vom Finanzamt erstattet werden, die Umsatzsteuer aber an das Finanzamt abgeführt werden muss (zur Soll- und Ist-Versteuerung vgl. Seite 135).

Umsatzsteuer	Einnahme zum Zeitpunkt des Rechnungsausgleichs durch den Kunden	Ausgabe zum Zeitpunkt der Zahlung an das Finanzamt
Vorsteuer	Ausgabe zum Zeitpunkt des Ausgleichs der Rechnung an den Lieferanten	Einnahme zum Zeitpunkt der Rückerstattung durch das Finanzamt

Die Steuern bei der Gewinnermittlung bleiben aufgrund dieser Doppelerfassung der Umsatz- und Vorsteuer insgesamt erfolgsneutral.

Beispiel:

Claudia Klein veräußert über ihren Online-Shop einen Satz Fußballtrikots zum Preis von 1.000 EUR zzgl. 190 EUR Umsatzsteuer. Die Lieferung erfolgt im November 2010. Der Kunde überweist den Rechnungsbetrag am 05.01.2011. Claudia Klein meldet die Umsatzsteuer von 190 EUR im Dezember 2010 dem Finanzamt und überweist am 15.12.2010 den Betrag.

Entsprechend der Regelungen des Zufluss-Abfluss-Prinzips hat Frau Klein im Dezember 2010 durch die Zahlung an das Finanzamt eine Ausgabe von 190 EUR. Mit Zugang der Einnahme im Januar 2011 hat sie bezüglich der Umsatzsteuer einen Zufluss von 190 EUR. Insgesamt heben sich Einnahme und Ausgabe in diesem Zusammenhang gegeneinander auf.

Die 10-Tage-Regel

Im Zusammenhang mit dem Jahreswechsel ist die sogenannte 10-Tage-Regel zu beachten. Dabei geht es darum, bestimmte Einnahmen und Ausgaben, die erst im Folgejahr zu- oder abgeflossen sind, noch dem ursprünglichen Kalenderjahr zuzurechnen. Man spricht in diesen Fällen von der wirtschaftlichen Zuordnung. Die Einnahmen und Ausgaben müssen folgende Voraussetzungen erfüllen:

- regelmäßig wiederkehrend
- innerhalb von zehn Tagen vor oder nach dem Jahreswechsel fällig und geleistet

Wiederkehrende Einnahmen ergeben sich z. B. aus Mietverträgen, Zinsen auf Guthaben oder Schulden, Leasingraten und Abschlagszahlungen für Wasser oder Strom.

Beispiel:

Herr Klein hat für die Waren seines Online-Shops ein kleines Lager angemietet. Die Miete wird jeweils am 1. des Monats in Höhe von 100 EUR fällig. Die Mietzahlungen erfolgen wie folgt:

a) Die Miete für Januar 2011 zahlt er am 28.12.2010 ein.
b) Die Miete für Dezember 2010 zahlt er am 05.01.2011 ein.
c) oder: Die Miete für Dezember 2010 zahlt er am 15.01.2011 ein.

Der Zufluss der Mieten muss wie folgt erfasst werden:

a) Der Zufluss der Miete ist für den Januar 2011 zu buchen. Die tatsächliche Zahlung erfolgte zwar bereits in 2010, jedoch innerhalb von zehn Tagen vor der wirtschaftlichen Zugehörigkeit (Januar 2011).
b) Die Miete wurde außerhalb der 10-Tage-Regel fällig. Demzufolge ist die Einnahme in 2011 zu erfassen.
c) In diesem Fall ist der Zufluss im Jahr 2011 zu erfassen, da die Zahlung außerhalb der 10-Tages-Regel erfolgte.

Abschreibung

Werden Wirtschaftsgüter für das Anlagevermögen angeschafft, wirken sich die Anschaffungs- oder Herstellungskosten nicht auf den Gewinn aus. Das bedeutet aber nicht, dass sie gar keine Wirkung haben. Wirtschaftsgüter des Anlagevermögens sind nach dem EStG jährlich abzuschreiben. Diese Abschreibungen gelten am Ende des Kalenderjahres als abgeflossen.

Zur Bemessungsgrundlage für die Abschreibung gehören alle Aufwendungen, die zum Erhalt oder der Herstellung des Anlageguts notwendig sind. Die Umsatzsteuer zählt grundsätzlich nicht zu den Anschaffungs- oder Herstellungskosten. Sie ist diesen nur dann zuzurechnen, wenn der Unternehmer nicht zum Vorsteuerabzug berechtigt ist. Dies kann der Fall sein, wenn er Umsätze erzielt, die nicht zum Vorsteuerabzug berechtigen (z. B. Bausparkassenvertreter, Versicherungsvertreter oder Vermieter von Wohnungen) oder er ein umsatzsteuerlicher Kleinunternehmer ist.

Beispiel:

Im Januar 2010 erwirbt Klara Maus einen Laptop für ihren Online-Shop. Die Anschaffungskosten betragen 1.200 EUR zzgl. 228 EUR Umsatzsteuer. Die Nutzungsdauer beträgt drei Jahre. Frau Klein ist vorsteuerabzugsberechtigt.

Die Anschaffungskosten von 1.200 EUR bleiben bei der Gewinnermittlung unberücksichtigt. Die 228 EUR Umsatzsteuer sind zum Zeitpunkt der Rechnungszahlung eine Ausgabe, zum Zeitpunkt der Rückerstattung dagegen eine Einnahme. Sie gehört nicht zu den Anschaffungskosten. Am Jahresende ist die jährliche Abschreibung zu ermitteln. Da der Laptop über drei Jahre abgeschrieben wird, ergibt sich ein jährlicher Abschreibungsbetrag in Höhe von 400 EUR (lineare AfA). Diese 400 EUR sind am 31.12.2010 als Betriebsausgabe zu erfassen.

Abwandlung:

Frau Maus ist als umsatzsteuerliche Kleinunternehmerin nicht zum Vorsteuerabzug berechtigt. Daraus folgt, dass bei der Ermittlung der jährlichen Bemessungsgrundlage von 1.428 EUR auszugehen ist. Jetzt gehört die Umsatzsteuer zur Bemessungsgrundlage.

Wann ist etwas zu- oder abgeflossen?

Vorgang	Zu- oder Abfluss
Barzahlung	bei Übergabe des Geldes
Provisionen	bei Gutschrift auf dem Kautionskonto
Scheck	Zufluss: mit der Entgegennahme Abfluss: mit der Hingabe
Überweisung	Abfluss zum Zeitpunkt des Eingangs des Überweisungsträgers bei der Bank (wenn das Konto die nötige Deckung hat); ansonsten wenn das Konto belastet wird
Aufrechnung	bei Fälligkeit der Gegenforderung
Wechsel	mit der Einlösung oder Diskontierung des zahlbaren hingegebenen Wechsels

Anschaffungs- oder Herstellungskosten

Die Anschaffungs- oder Herstellungskosten umfassen nicht nur die reinen Aufwendungen für den Gegenstand selbst, sondern auch die in diesem Zusammenhang stehenden Nebenkosten.

Zu den Anschaffungskosten gehören alle Aufwendungen, die geleistet werden, um den Vermögensgegenstand zu erwerben und in einem betriebsbereiten Zustand zu versetzen. Dazu gehören auch Aufwendungen, die erst nachträglich entstehen.

Bei den Herstellungskosten verhält es sich ähnlich. Auch hier gehören alle Aufwendungen zu den Herstellungskosten, die erforderlich sind, um ein Wirtschaftsgut herzustellen.

Nicht zu den Anschaffungskosten gehören die Umsatzsteuern, wenn der Unternehmer zum Vorsteuerabzug berechtigt ist.

Absetzungen für Abnutzungen

Bei der Gründung eines Unternehmens werden auch Wirtschaftsgüter angeschafft, um die Tätigkeit überhaupt durchführen zu können. Im Falle eines Online-Shops ist dies natürlich ein Computer (vgl. Seite 107). Aber auch andere Anlagegüter, die dem Unternehmen zu dienen bestimmt sind, werden vom Unternehmer angeschafft. Steuerrechtlich werden diese Güter als abnutzbare bewegliche Wirtschaftsgüter bezeichnet.

Wie beim Zufluss-Abfluss-Prinzip bereits beschrieben, haben die Anschaffungs- oder Herstellungskosten selbst keine Gewinnauswirkung. Eine Auswirkung ergibt sich nur aus der Absetzung für Abnutzung (AfA). Umgangssprachlich werden diese auch als Abschreibungen bezeichnet. Diese ermittelten Abschreibungsbeträge können grundsätzlich am Ende des Kalenderjahres von den Betriebseinnahmen abgezogen werden.

Die AfA muss gemäß § 7 Abs. 1 EStG bei allen Wirtschaftsgütern vorgenommen werden, deren Nutzung zur Erzielung von Einkünften sich erfahrungsgemäß über einen Zeitraum von mehr als einem Jahr erstreckt, das heißt, die unternehmerische Tätigkeit auch über einen längeren Zeitraum angelegt ist. Ist dies der Fall, sind die angeschafften oder hergestellten Wirtschaftsgüter über den Zeitraum ihrer betriebsgewöhnlichen Nutzungsdauer abzuschreiben.

Welchen Zeitraum eine sogenannte betriebsgewöhnliche Nutzungsdauer umfasst, unterscheidet sich von Wirtschaftsgut zu Wirtschaftsgut. Damit eine gewisse Einheitlichkeit herrscht, hat die Finanzverwaltung für verschiedene Wirtschaftsgüter die Abschreibungszeiträume ermittelt und in AfA-Tabellen aufgezeichnet. Diese AfA-Tabellen (vgl. Auszug Seite 200) sind grundsätzlich verbindlich.

Sollte man die Auffassung vertreten, dass die vom Finanzamt ermittelte Nutzungsdauer für das genutzte Wirtschaftsgut nicht zutrifft, muss dem Finanzamt dargestellt werden, warum dies so sein soll. In der Regel lohnt ein Streit aber nur bei teuren Anlagegütern.

Bei der AfA bestehen drei Möglichkeiten der Abschreibungen:

- AfA geringwertiger Wirtschaftsgüter (GWG)
- lineare AfA
- degressive AfA

AfA geringwertiger Wirtschaftsgüter (GWG)

Ein geringwertiges Wirtschaftsgut liegt vor, wenn die Anschaffungs- bzw. Herstellungskosten eines Wirtschaftsguts den Betrag von 410 EUR nicht übersteigen. Die Umsatzsteuer gehört dabei nicht zur Berechnungsgrundlage. Dabei ist es unerheblich, ob der Unternehmer zum Vorsteuerabzug berechtigt ist. Wird ein Wirtschaftsgut als geringwertiges Wirtschaftsgut behandelt, können die Anschaffungs- bzw. Herstellungskosten spätestens am Jahresende in voller Höhe von den Betriebseinnahmen abgezogen werden.

Beispiel:

Der Online-Händler Fritz Friedrich erwirbt ein Handy für sein Unternehmen. Die Anschaffungskosten betragen 476 EUR inklusive 19 Prozent Umsatzsteuer.

Das Handy hat einen Nettopreis von 400 EUR. Die maßgebliche Grenze von 410 EUR wird somit unterschritten. Die Anschaffungskosten sind in voller Höhe von den Betriebseinnahmen abzuziehen.

Sind die Anschaffungs- oder Herstellungskosten geringer als 150,01 EUR, können die Aufwendungen direkt nach der Zahlung als Betriebsausgaben abgezogen werden. Auch hier gehört die Umsatzsteuer nicht zur Berechnungsgrundlage.

Lineare AfA

Sind die Anschaffungs- bzw. Herstellungskosten höher als 410 EUR, ist das abnutzbare Wirtschaftsgut grundsätzlich über die betriebsgewöhnliche Nutzungsdauer in gleichen Jahresbeträgen abzuschreiben. Man spricht hier von der linearen AfA. Die Berechnung der Abschreibungsraten ist nicht weiter problematisch. Grundsätzlich kann folgende Formel angewandt werden:

$$\frac{\text{Anschaffungs- oder Herstellungskosten}}{\text{betriebsgewöhnliche Nutzungsdauer (Jahre)}} = \text{jährliche AfA-Rate}$$

Die Nutzung beginnt in der Regel zum Zeitpunkt der Anschaffung oder Abnahme (bei Herstellung) eines Wirtschaftsguts. Dies ist in den wenigsten Fällen der Januar eines Kalenderjahres. Somit muss bei der Berechnung der AfA-Raten berücksichtigt werden, dass ein Wirtschaftsgut erst im Laufe eines Kalenderjahres angeschafft oder abgenommen worden ist. Die Monate eines Kalenderjahres, die vor dem Monat der Anschaffung oder Abnahme liegen, sind bei der Ermittlung der AfA-Rate für dieses Jahr nicht zu berücksichtigen. Daraus folgt auch, dass die AfA-Raten am Ende des Nutzungszeitraums ebenfalls geringer sind.

Beispiel:

Der Online-Händler Fritz Friederich kauft sich am 15.04.2010 einen Laptop zum Preis von 1.080 EUR zzgl. 205,20 EUR Umsatzsteuer. Die betriebsgewöhnliche Nutzungsdauer beträgt nach der AfA-Tabelle drei Jahre. Herr Friederich ist zum Vorsteuerabzug berechtigt.

Berechnung der AfA-Raten:

Anschaffungskosten ohne Umsatzsteuer	1.080 EUR
jährliche AfA-Rate (1.080 EUR : 3)	360 EUR

Zu berücksichtigende Monate im Jahr der Anschaffung:

Anschaffung im April 2010 =	9 Monate
360 EUR × 9/12	270 EUR

Der Laptop ist über die betriebsgewöhnliche Nutzungsdauer wie folgt abzuschreiben:

Anschaffungskosten	1.080 EUR
AfA-Rate 2010 (9/12 von 360 EUR)	./. 270 EUR

Restbuchwert am 31.12.2010	810 EUR
AfA-Rate 2011	./. 360 EUR
Restbuchwert am 31.12.2011	450 EUR
AfA-Rate 2012	./. 360 EUR
Restbuchwert am 31.12.2012	90 EUR
AfA-Rate 2013	./. 89 EUR
Restbuchwert am 31.12.2013	1 EUR

Der Restbetrag von 1 EUR ist der sogenannte Erinnerungswert und ist solange im Anlageverzeichnis zu führen, wie das Anlagegut zum Betriebsvermögen gehört.

Sollte der Fall eintreten, dass das Wirtschaftsgut während des Laufs der AfA-Phase zerstört oder anderweitig unnutzbar wird, so kann in diesem Jahr eine vollständige AfA erfolgen.

Beispiel:

Im Juni 2011 fällt Herrn Friederich jedoch der Laptop vom Balkon und wird vollständig zerstört.

Statt der aufgeführten AfA-Rate in Höhe von 360 EUR ist nun der vollständige Restbuchwert abzuschreiben. In diesem Fall sind das 810 EUR.

Die Regelungen zu den außergewöhnlichen AfA gelten nicht für den Verkauf des Wirtschaftsguts.

Degressive AfA

Eine weitere Methode der AfA sind die Abschreibungen vom Restbuchwert, die degressive AfA. Im Gegensatz zur linearen AfA sind die Jahresbeträge nicht gleich, sondern in Abhängigkeit zum Restwert jährlich fallend. Diese Regelung bietet den Vorteil, dass die jährlichen degressiven AfA-Raten höher sein können als die linearen AfA-Raten.

Wichtig: Bevor die AfA-Methode näher erläutert wird, muss darauf hingewiesen werden, dass sie nur noch für bewegliche Wirtschaftsgüter anzuwenden ist, die nach dem 31.12.2008 und vor dem 01.01.2011 angeschafft oder hergestellt wurden.

Die Jahresbeträge der degressiven AfA berechnen sich im Jahr der Anschaffung oder Herstellung grundsätzlich anhand der Anschaffungs- oder Herstellungskosten. In den Folgejahren dient der jeweilige Restbuchwert als Berechnungsgrundlage. Dabei können die AfA-Raten mit einem unveränderlichen Prozentsatz berechnet werden.

Der Prozentsatz darf:

- höchstens das 2,5-fache des Prozentsatzes des bei der linearen AfA in Betracht kommenden Prozentsatzes betragen und
- 25 Prozent nicht übersteigen

Ausgehend von dem Gedanken, die höchstmögliche AfA-Rate zur Minderung des betrieblichen Gewinns anzusetzen, lohnt sich die degressive AfA nur bei Wirtschaftsgütern, deren betriebsgewöhnliche Nutzungsdauer mindestens vier Jahre beträgt. Bei einer geringeren Nutzungsdauer ist die lineare AfA immer günstiger.

Beispiel:

Lisa Haus schafft für ihren Online-Shop ein Kopiergerät an. Die Anschaffungskosten am 10.01.2010 betragen 2.000 EUR zzgl. 380 EUR. Frau Haus ist zum Vorsteuerabzug berechtigt. Die betriebsgewöhnliche Nutzungsdauer beträgt sieben Jahre.

Berechnung der AfA-Rate für das Jahr der Anschaffung:

Anschaffungskosten ohne Umsatzsteuer	2.000 EUR

Prozentsatz bei linearer AfA

2.000 : 7 = 286 EUR = 14,3 % pro Jahr x $2\frac{1}{2}$ = 35,75 %

Prozentsatz degressive AfA

Anwendung maximal 25 %

AfA-Rate 2010 (25 % von 2.000 EUR)	./. 500,00 EUR
Restbuchwert zum 31.12.2010	1.500,00 EUR
AfA-Rate 2010 (25 % von 1.500 EUR)	./. 375,00 EUR
Restbuchwert zum 31.12.2011	1.125,00 EUR
AfA-Rate 2011 (25 % von 1.125 EUR)	./. 281,25 EUR

Restbuchwert zum 31.12.2012	843,75 EUR
AfA-Rate 2012	./. 210,94 EUR
Restbuchwert zum 31.12.2013	632,81 EUR
....	

Würden die AfA-Raten im obigen Beispiel so weitergeführt, würde kein Nullbetrag erreicht werden. Um das zu vermeiden, darf von der degressiven zur linearen AfA-Methode gewechselt werden. Am günstigsten ist der Wechsel zu Beginn der letzten drei Nutzungsjahre. In diesem Zeitraum sind die linearen AfA-Raten höher als die degressiven AfA-Raten.

Beispiel:

7

Nach Ablauf des vierten Nutzungsjahres wechselt Frau Haus zur linearen AfA-Methode. Die verbleibenden 633 EUR (gerundet) sind durch die verbleibenden drei Nutzungsjahre der insgesamt vier Nutzungsjahre zu teilen:

633 : 3 Jahre = 211 EUR

Die AfA-Raten für die Jahre 2014 bis 2016 betragen somit 211 EUR.

Ein Wechsel von der linearen zur degressiven AfA-Methode ist nicht zulässig.

Betriebs- oder Privatvermögen

Auch bei der Ermittlung des Gewinns nach der Einnahmenüberschuss-Rechnung muss beurteilt oder entschieden werden, ob das angeschaffte Anlagegut zum Betriebsvermögen gehört. Die Beurteilung ist nicht ganz unwichtig, da beispielsweise die AfA nur angewendet werden kann, wenn das Wirtschaftsgut auch zum Betriebsvermögen gehört. Bei der Umsatzsteuer ist es ähnlich. Hier hängt die Gewährung des Vorsteuerabzugs maßgeblich von der Zuordnung ab. Gemäß Richtlinie 4.2 Abs. 1 EStR sind Anlagegüter, die nicht Grundstücke oder Grundstücksteile sind, wie folgt zu behandeln:

- Bei einer betrieblichen Nutzung von mehr als 50 Prozent ist das Anlagegut zwingend dem Betriebsvermögen zuzuordnen.
- Bei einer betrieblichen Nutzung von mehr als 10 und weniger als 50 Prozent kann der Unternehmer die Zuordnung frei wählen (gewillkürtes Betriebsvermögen).
- Bei einer betrieblichen Nutzung von weniger als 10 Prozent ist das Anlagegut zwingend dem Privatvermögen zuzuordnen.

Die Nutzungsanteile sind in der Regel vom Unternehmer nachzuweisen und darzulegen. Dies gilt insbesondere für das gewillkürte Betriebsvermögen. Meist im Rahmen einer Steuerprüfung wird vom Finanzamt verlangt, dass die betriebliche Notwendigkeit dargestellt wird. Man spricht hier von der vernünftigen wirtschaftlichen Überlegung.

Beispiel:

Die Online-Shop-Inhaberin Jutta Schmitz schafft sich ein Handy zum Preis von 350 EUR an. Das Handy wird laut Telefonabrechnung wie folgt genutzt:

a) 5 Prozent für betriebliche Gespräche
Die betriebliche Nutzung unterschreitet die 10-Prozent-Grenze deutlich. Demzufolge können die Anschaffungskosten nicht als Betriebsausgabe abgezogen werden. Allerdings können die Aufwendungen für die betrieblichen Gespräche als Betriebsausgabe abgezogen werden.

b) 70 Prozent für betriebliche Gespräche
Die betriebliche Nutzung liegt über 50 Prozent. Das Handy ist zwingend dem Betriebsvermögen zuzuordnen. Die Anschaffungskosten sind abzuschreiben. Die privaten Telefongespräche stellen eine Entnahme durch den Unternehmer dar und erhöhen die Betriebseinnahmen.

c) 25 Prozent für betriebliche Gespräche
In diesem Fall hat der Unternehmer ein Wahlrecht zwischen der Lösung a) und b).

Die Zuordnung eines Anlagegutes zum gewillkürten Betriebsvermögen muss in den Aufzeichnungen (Anlageverzeichnis) dokumentiert werden. Das heißt, dass dieses Anlagegut dort aufgeführt sein muss.

Beschränkt abziehbare und nichtabzugsfähige Betriebsausgaben

Nicht alle Betriebsausgaben sind zu 100 Prozent abzugsfähig, obwohl diese möglicherweise vollständig dem Betriebszweck dienen. Gemeint sind hier vor allem die Bewirtungskosten oder Geschenke an Kunden.

Bewirtungsaufwendungen

Bei geschäftlichen Essen mit Kunden oder Lieferanten aus betrieblichen Gründen sind grundsätzlich nur 70 Prozent der gesamten Rechnung als Betriebsausgabe abzugsfähig. Die restlichen 30 Prozent der Aufwendungen werden grundsätzlich als privater Nutzungsanteil des Unternehmers angesehen.

Diese Aufteilung besteht jedoch nicht im Umsatzsteuerrecht; hier ist die in der Rechnung aufgeführte Umsatzsteuer in voller Höhe zum Vorsteuerabzug zugelassen.

Beispiel:

Die Online-Händlerin Ulrike Uhlen hat zur Geschäftsanbahnung den Lieferanten Josef Josten zum Abendessen eingeladen. Am Ende eines schönen erfolgreichen Abends muss Frau Uhlen eine Rechnung in Höhe von 150 EUR zzgl. 28,50 EUR Umsatzsteuer entrichten.

Frau Uhlen kann die Rechnung wie folgt verbuchen:

Die Umsatzsteuer ist in Höhe von 28,50 EUR als Betriebsausgabe zu behandeln. 105 EUR (70 % von 150 EUR) stellen eine Betriebsausgabe dar, die restlichen 45 EUR (30 %) sind als Privatentnahme zu behandeln.

Die betriebliche Veranlassung ist vom Unternehmer nachzuweisen. Dieser Nachweis gilt als erbracht, wenn auf der Rechnung folgende Daten enthalten sind:

- Ort und Tag der Bewirtung
- Teilnehmer
- Anlass der Bewirtung
- Höhe der Aufwendungen

Sind die Aufwendungen in einer Gaststätte entstanden, sind die meisten der geforderten Daten bereits auf der Rechnung enthalten. In der Regel müssen nur noch die Teilnehmer und der Anlass nachgetragen werden. Dies sollte umgehend geschehen. Prüft das Finanzamt die Belege und sind die Angaben unvollständig, wird der Betriebsausgabenabzug versagt. Eine nachträgliche Anerkennung seitens des Finanzamts muss in diesem Fall nicht erfolgen.

Der private Anteil von 30 Prozent wird immer unterstellt. Dies gilt auch, wenn der Unternehmer selbst nichts zu sich genommen hat.

Betriebliche Geschenke

Macht ein Unternehmer ein Geschenk an einen Kunden oder Lieferanten, so ist dieses Geschenk als Betriebsausgabe nur abzugsfähig, wenn die Aufwendungen hierfür 35 EUR nicht überschreiten. Ist der Wert höher, entfällt grundsätzlich der gesamte Betriebsausgabenabzug. Die Umsatzsteuer gehört nicht zur Bemessungsgrundlage.

Beispiel:

Online-Unternehmerin Gerda Nett schenkt dem Lieferanten Peter Neumann eine Flasche Wein zum Preis vom 28,50 EUR. Ebenfalls zu Weihnachten schenkt sie dem Kunden Peter Frei eine Flasche Wein zum Preis von 50 EUR.

Die Aufwendungen für das Geschenk an Peter Neumann können als Betriebsausgabe abgezogen werden. Dies trifft nicht auf das Geschenk an Peter Frei zu, da dabei die 35-Euro-Grenze überschritten wurde.

Die 35-Euro-Grenze gilt für Beschenkte, die nicht Arbeitnehmer des Schenkers sind. Weiterhin gilt sie als Gesamtgrenze pro Person, das heißt, dass eine Person mehrere Geschenke erhalten kann, wenn die Grenze dabei nicht überschritten wird.

Der Gesetzgeber hat mit § 37b EStG aber eine Möglichkeit geschaffen, Geschenke dennoch steuerlich geltend machen zu können, auch wenn die 35-Euro-Grenze überschritten wird. In diesen Fällen besteht ein Wahlrecht hin zu einer pauschalen Besteuerung. Dieses Wahlrecht kann ausgeübt werden, wenn die Zuwendungen an eine Person in einem Wirtschaftsjahr 10.000 EUR nicht übersteigen. Wird diese Grenze eingehalten, ist die Zuwendung pauschal mit 30 Prozent Einkommensteuer zu besteuern.

Wichtig: An dieser Stelle soll nur auf die Möglichkeit des Wahlrechts hingewiesen werden. Wer diese jedoch nutzen möchte, sollte sich auf jeden Fall von einem Steuerberater unterstützen lassen.

Geldbußen oder andere Sanktionszahlungen

Wer sich Geldbußen, Ordnungs- oder Verwarnungsgelder einhandelt, kann diese nicht von den Betriebseinnahmen abziehen. Sie müssen voll und ganz aus der eigenen Tasche entrichtet werden.

Gleiches gilt aber nicht für Verfahrenskosten, die z. B. zu den genannten Sanktionen führen. Diese Kosten können vollständig als Betriebsausgabe abgezogen werden, sofern der Sachverhalt auch der betrieblichen Ebene zuzuordnen ist.

Private Nutzung des betrieblichen Pkw

In den meisten Betriebsvermögen befindet sich in aller Regel ein Pkw oder es wird ein solcher im Verlauf der unternehmerischen Tätigkeit angeschafft. Entsprechend müssen möglicherweise private Nutzungen der Einkommen- und Umsatzsteuer unterworfen werden. Die Besteuerung der privaten Nutzung erfolgt unter besonderen Voraussetzungen:

- Die betriebliche Nutzung ist größer als 10 Prozent.
- Das Fahrzeug wird sowohl für betriebliche und private Zwecke genutzt.

Verfügt ein Unternehmer nur über ein einziges Fahrzeug, wird von der Finanzverwaltung grundsätzlich unterstellt, dass das Fahrzeug auch zu privaten Zwecken genutzt wird.

Bei der Prüfung der 50-Prozent-Grenze gehören neben den rein betrieblich gefahrenen Kilometern auch die Kilometer für Fahrten zwischen der Wohnung und der Betriebsstätte zu den betrieblichen Nutzungsanteilen.

Liegen die genannten Voraussetzungen vor, kann der private Nutzungsanteil anhand dreier unterschiedlicher Methoden ermittelt werden:

Nutzung des betrieblichen Pkws

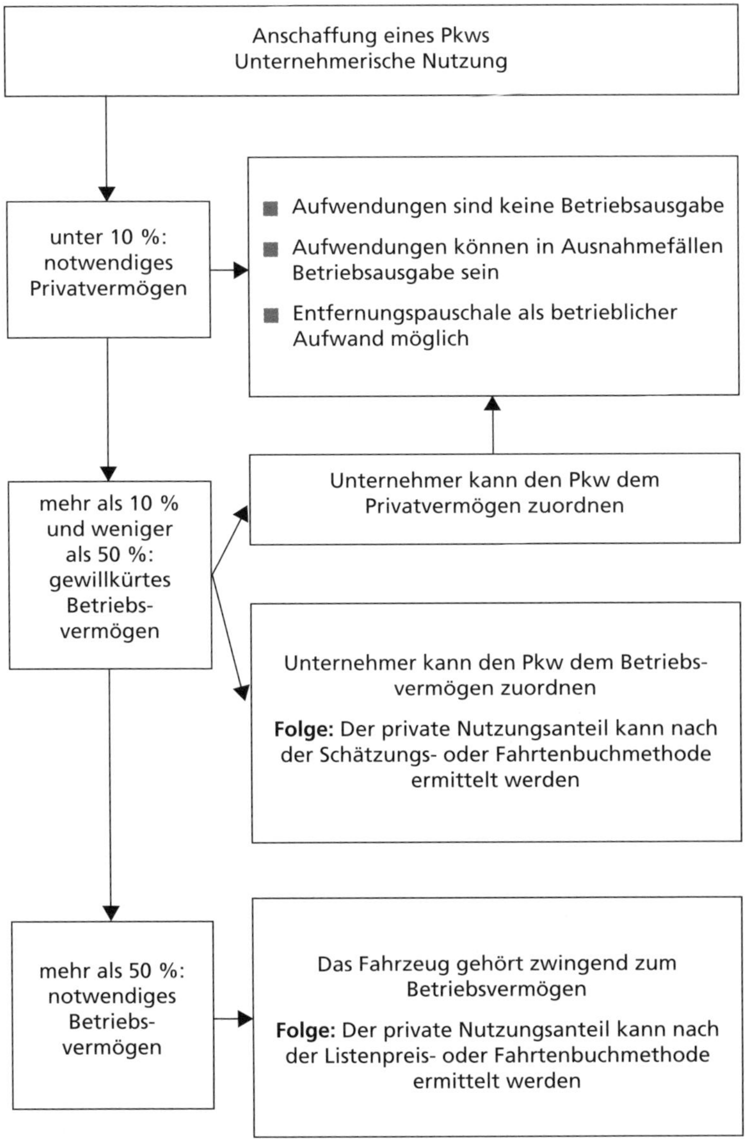

- Ein-Prozent-Regelung (Listenpreismethode)
- Fahrtenbuchmethode
- Schätzmethode

Weiterhin besteht die Möglichkeit, die betriebliche Nutzung im Rahmen der einkommensteuerrechtlichen Entfernungspauschale bei den Betriebsausgaben zu berücksichtigen.

Fahrtenbuchmethode

Über die Fahrtenbuchregelung erfolgt eine Aufteilung zwischen der betrieblichen und privaten Nutzung anhand der tatsächlich gefahrenen Kilometer.

Beispiel:

Der Online-Händler Dieter Müller hat einen Pkw im Betriebsvermögen. Am Ende des Jahres ermittelt er anhand seines Fahrtenbuchs folgende Kilometerleistungen:

Gesamtkilometer	15.945
davon Privatfahrten	6.233
davon betriebliche Fahrten	9.712

Aufgrund des Fahrtenbuchs ist der private Anteil mit 39 Prozent von den Gesamtkilometern festzustellen. Daraus folgt, dass 39 Prozent der Betriebsausgaben der privaten Vermögensebene zuzuordnen sind. Sie sind als Entnahme zu buchen und bilden eine Betriebseinnahme.

Ein Fahrtenbuch wird von der Finanzverwaltung nur anerkannt, wenn es ordnungsgemäß geführt worden ist. Ein ordnungsgemäßes Fahrtenbuch muss folgende Bedingungen erfüllen:

Ordnungsgemäß geführtes Fahrtenbuch

- muss zeitnah geführt werden
- muss ein geschlossenes Werk sein (keine Loseblattsammlung)
- Eintragungen müssen in einem fortlaufenden Zusammenhang stehen
- Datum und Kilometerstand zu Beginn und Ende jeder einzelnen betrieblichen bzw. beruflich veranlassten Fahrt mit Reisezweck, Reiseziel und aufgesuchtem Geschäftspartner

- bei Privatfahrten sind die Kilometerangaben aufzuzeichnen (alle weiteren Angaben sind entbehrlich)
- Fahrten zwischen Wohnung und Betriebsstätte sind gesondert zu kennzeichnen

Bei regelmäßigen Fahrten zu stets gleichen Kunden oder Lieferanten ist es nicht zwingend erforderlich, alle Angaben bei jeder dieser Fahrten zu wiederholen. Hier reicht ein Kunden- und/oder Lieferantenverzeichnis in den Geschäftsunterlagen zum Nachweis des Reiseziels und -zwecks aus.

Entstehen neben den Kilometern Aufwendungen, die vollständig der betrieblichen oder privaten Vermögensebene zuzuordnen sind, sind diese nicht dem Aufteilungsschlüssel zu unterwerfen. Das könnte etwa der Fall sein, wenn der Unternehmer bei einer betrieblichen Fahrt schuldhaft einen Verkehrsunfall verursacht.

Beispiel:

Dieter Müller hat mit dem betrieblichen Pkw einen Verkehrsunfall. Der Verkehrsunfall passierte bei

a) der Abholung der Schwiegermutter vom Flughafen Düsseldorf nach deren Urlaub.
b) der Abholung von Waren beim Lieferanten.

Bei der Variante a) sind die Unfallkosten in Höhe von 2.000 EUR der privaten Vermögensebene zuzuordnen. Die Fahrt diente ausschließlich privaten Zwecken. Den entstandenen Schaden muss Herr Müller aus eigener Tasche bezahlen.

Variante b) hat ein anderes Ergebnis. Hier sind die 2.000 EUR vollständig als Betriebsausgabe abziehbar. Eine Aufteilung der Aufwendungen entfällt, da der Unfall bei einer rein betrieblichen Fahrt passiert ist.

Bei der Fahrtenbuchmethode werden alle Aufwendungen, die im Zusammenhang mit dem Pkw stehen, zusammengerechnet. Dabei handelt es sich natürlich um die laufenden Kosten, aber auch um die AfA.

Beispiel:

Dieter Müller sind im Laufe des Jahres Kosten für Steuern, Versicherung, Wartung, Reparatur und Benzin in Höhe von 4.000 EUR angefallen. Zudem wird das Fahrzeug jährlich mit 5.000 EUR abgeschrieben.

Nach dem ermittelten privaten Nutzungsanteil ergibt sich folgende Berechnung:

Laufende Kosten	4.000 EUR
AfA	5.000 EUR
Gesamt	**9.000 EUR**
davon 39 %	3.510 EUR

Die 3.510 EUR stellen eine Betriebseinnahme am Ende des Jahres dar.

Umsatzsteuerrechtlich kommt man hier allerdings zu einem anderen Ergebnis. In der Umsatzsteuer werden nämlich nur die mit Umsatzsteuer belasteten Aufwendungen berücksichtigt. Würde man alle Aufwendungen berücksichtigen, käme man bei der sogenannten unentgeltlichen Wertabgabe zu einem falschen Ergebnis. Die Wertabgabe soll nämlich nur den Umstand berücksichtigen, dass ein Unternehmer für unternehmerische Gegenstände, die er auch privat nutzt, keinen Vorsteuerabzug hat. Die unentgeltliche Wertabgabe schafft den Ausgleich zum Vorsteuerabzug, in dem die private Nutzungsentnahme einem steuerpflichtigen Erlös gleichgestellt wird.

Fortführung des Beispiels:

Die Steuern und Versicherung unterliegen nicht der Umsatzsteuer. Aus diesem Grund ist kein Vorsteuerabzug möglich. Unterstellen wir, dass die Aufwendungen hierfür 1.000 EUR betragen haben. Die AfA ist ein ertragsteuerlicher Wert und führt ebenfalls nicht zum Vorsteuerabzug. Weiterhin unterstellen wir, dass der Unternehmer an seiner Betriebsstätte wohnt und somit keine Kosten für Fahrten zwischen Wohnung und Betriebsstätte anfallen.

Berechnung der Umsatzsteuer:

Kosten gesamt	9.000,00 EUR
abzüglich AfA	./. 5.000,00 EUR

abzüglich Kosten ohne Vorsteuer	./. 1.000,00 EUR
	3.000,00 EUR
davon 39 % Privatanteil	1.170,00 EUR
Umsatzsteuer 19 %	**222,30 EUR**

Es ergibt sich eine zusätzliche Betriebseinnahme in Höhe der Umsatzsteuer von 222,30 EUR. Dabei ist zu bedenken, dass die Umsatzsteuer bei Zahlung an das Finanzamt gleichzeitig eine Betriebsausgabe darstellt (vgl. Zufluss-Abfluss-Prinzip, Seite 81).

Ein-Prozent-Regelung (Listenpreismethode)

Die Ein-Prozent-Regelung, auch Listenpreismethode genannt, hat eine wesentlich einfachere Berechnungsmethode, setzt aber voraus, dass der Pkw notwendiges Betriebsvermögen ist (zumindest nach dem UStG). Hier muss der Unternehmer monatlich 1 Prozent des Listenpreises einschließlich der Umsatzsteuer als unentgeltliche Wertabgabe versteuern. Dies kann eine sehr teure Angelegenheit werden, da stets der Neupreis des Fahrzeugs herangezogen wird. Dabei ist unerheblich, ob das Fahrzeug neu oder gebraucht angeschafft wurde.

Praxis-Tipp:

Wer sich mit dem Gedanken trägt, ein altes Gebrauchtfahrzeug anzuschaffen, sollte von der Ein-Prozent-Regelung Abstand nehmen, wenn die Differenz zum ursprünglichen Listenpreis zu hoch ist.

Die Ein-Prozent-Regelung ist auch anzuwenden, wenn das Fahrzeug gemietet oder geleast wurde. Sie kann freiwillig oder auch gezwungenermaßen angewandt werden. Häufig wählen Unternehmer diese Methode, da das Schreiben und Führen eines ordnungsgemäßen Fahrtenbuchs doch mühselig ist und oftmals Eintragungen vergessen werden.

Mit dem Listenpreis eines Fahrzeugs ist grundsätzlich der Neupreis eines Fahrzeugs gemeint. Zum Listenpreis gehören auch etwaige

Aufpreise für Sonderausstattungen, wie Alu-Felgen, Navigationssystem oder Klimaanlage. Gleiches gilt bei Reimporten.

Vorsicht: Ist der Reimport mit Sonderausstattungen versehen, die sich nicht im Preis niederschlagen, kann die Finanzverwaltung diese Sonderausstattungen nach den Preisen der deutschen Herstellerpreisliste dem Kaufpreis zurechnen. Der Listenpreis darf vor der Berechnung auf volle 100 EUR abgerundet werden.

Da die Listenpreisregelung bei der Berechnung Aufwendungen ohne Vorsteuerabzug nicht berücksichtigt, hat der Gesetzgeber geregelt, dass vom Ein-Prozent-Wert nochmals ein Abschlag von 20 Prozent vorzunehmen ist. Damit soll die Nichtberücksichtigung ausgeglichen werden.

Beispiel:

Der Online-Händler Christian Volkmann kauft sich im Januar 2010 einen gebrauchten Pkw zum Preis von 25.000 EUR zzgl. 4.750 EUR Umsatzsteuer. Das Fahrzeug ist unstrittig notwendiges Betriebsvermögen. Herr Volkmann wohnt direkt an der Betriebsstätte. Der Listenpreis am Tag der ersten Zulassung betrug laut Händlerauskunft 32.000 EUR zzgl. 6.080 EUR Umsatzsteuer.

Berechnung des privaten Anteils nach der Listenpreismethode:

Bruttolistenpreis	38.080,00 EUR
gerundet	38.000,00 EUR
davon 1 %	380,00 EUR
abzüglich 20 % pauschaler Abschlag	./. 76,00 EUR
Bemessungsgrundlage	304,00 EUR
Umsatzsteuer 19 %	57,76 EUR

Umsatzsteuerrechtlich kann die Listenpreisregelung nur angewandt werden, wenn der Unternehmer zum Vorsteuerabzug berechtigt ist und bei der Anschaffung des Fahrzeugs die Umsatzsteuer in Rechnung gestellt wurde, das heißt, der Vorsteuerabzug auch möglich ist. Bei gebrauchten Fahrzeugen ist der Vorsteuerabzug mangels offen ausgewiesener Umsatzsteuer häufig nicht möglich, zum Beispiel beim Kauf eines Fahrzeugs aus privater Hand. In diesen Fällen ist entweder die Fahrtenbuch- oder Schätzmethode anzuwenden.

Schätzmethode

Ist aus Ermangelung eines Fahrtenbuchs die Anwendung der Ein-Prozent-Regelung nicht möglich oder wird umsatzsteuerlich vom Unternehmer nicht davon Gebrauch gemacht, muss der private Nutzungsanteil im Wege der Schätzung ermittelt werden. Sofern keine speziellen Unterlagen für die Schätzung vorliegen, unterstellt die Finanzverwaltung einen privaten Nutzungsanteil von mindestens 50 Prozent.

Maßgeblich für die Berechnung der umsatzsteuerlichen unentgeltlichen Wertabgabe sind die Aufwendungen mit Vorsteuerabzug. Soll die Schätzmethode auch für die Einkommensteuer angewandt werden, sind alle Aufwendungen einschließlich der AfA maßgeblich (vgl. Fahrtenbuchregelung, Seite 96).

Beispiel:

Bei einem Pkw, der vom Unternehmer betrieblich und privat genutzt wird, soll die Nutzungsentnahme nach der Schätzungsmethode ermittelt werden. Insgesamt sind Kosten einschließlich der AfA in Höhe von 3.000 EUR angefallen. Davon waren 1.000 EUR mit Vorsteuer belastet. Ein Fahrtenbuch wurde nicht geführt. Zur Nutzung wurde seitens des Unternehmers keine Angabe gemacht.

Das Finanzamt kann von einem privaten Nutzungsanteil von 50 Prozent ausgehen. Zur Ermittlung der unentgeltlichen Wertabgabe für die Umsatzsteuer sind lediglich 1.000 EUR als Berechnungsgrundlage heranzuziehen, da der Unternehmer nur bei diesen Aufwendungen die Vorteile des Vorsteuerabzugs nutzen konnte:

1.000 EUR × 50 % = 500 EUR.

Daraus ergibt sich eine Umsatzsteuer in Höhe von 95 EUR. Ertragssteuerlich sind 50 Prozent auf alle Kosten (3.000 EUR) anzuwenden.

Kostendeckelung

Die obigen Ausführungen zeigen, dass bei der Ein-Prozent-Regelung quasi ein Pauschalbetrag unabhängig von den tatsächlichen Anschaffungskosten des Fahrzeugs versteuert werden muss. Demzufolge können die zu versteuernden Entnahmen in einem Kalenderjahr recht hoch sein. Diesen Umstand hat der Gesetzgeber in Kauf genommen, allerdings nicht ganz uneingeschränkt. Er hat eine sogenannte Kostendeckelung geregelt, die besagt, dass der Wert der Entnahmen eines Jahres nicht höher sein darf als die im gleichen Jahr angefallenen Kosten. Hierzu gehören alle angefallenen Kosten, das heißt, auch die Kosten, für die keine Vorsteuern angefallen sind, sowie die AfA.

Beispiel:

Herr Neumann hat sich im Januar für 6.000 EUR zzgl. Umsatzsteuer einen gebrauchten Pkw angeschafft. Dieser wird zu mehr als 50 Prozent betrieblich genutzt. Laut Listenpreis hatte das Fahrzeug einen damaligen Neupreis in Höhe von 30.000 EUR zzgl. 5.700 EUR Umsatzsteuer. In dem betreffenden Kalenderjahr sind folgende Kosten entstanden:

Kosten	ohne Vorsteuerabzug	mit Vorsteuerabzug (netto)
Benzin, Öl		500 EUR
Reparatur		200 EUR
Versicherung	600 EUR	
Kfz-Steuer	200 EUR	
ADAC		100 EUR
AfA	1.500 EUR	
Gesamt	**2.300 EUR**	**800 EUR**

Demnach sind für das Fahrzeug 3.100 EUR an Aufwendungen entstanden.

Die Ermittlung der privaten Nutzung nach der Ein-Prozent-Regelung ergibt:

Bruttolistenpreis	35.700 EUR
davon 1 %	357 EUR
× 12 Monate	4.284 EUR

Die tatsächlichen Aufwendungen sind mit 3.100 EUR geringer als die ermittelte Nutzungsentnahme nach der Ein-Prozent-Regelung. Dies hat zur Folge, dass der Unternehmer Herr Neumann seine Nutzungsentnahme über die Kostendeckelung ermitteln kann.

Kommt die Kostendeckelung zur Anwendung, muss die Nutzungsentnahme anhand der tatsächlichen Werte ermittelt werden. Hier verlangt die Umsatzsteuer, dass entweder die Ermittlung anhand des Fahrtenbuchs oder anhand einer sachgerechten Schätzung vorgenommen wird. Ist ein Fahrtenbuch vorhanden, kann der genaue Prozentsatz ermittelt werden. Ist dies nicht der Fall, schreibt der Gesetzgeber vor, dass der private Nutzungsanteil mit mindestens 50 Prozent festgestellt wird.

Beispiel:

Herr Neumann hatte kein Fahrtenbuch geführt. Für die Umsatzsteuer erfolgt nach den Werten aus dem obigen Beispiel folgende Berechnung:

Kosten mit Vorsteuerabzug 50 % von 800 EUR =	400 EUR
Umsatzsteuer 19 %	76 EUR

Die ertragssteuerliche Nutzungsentnahme ermittelt sich wie folgt:

Betrag Kostendeckelung	3.100 EUR
./. Bemessungsgrundlage Umsatzsteuer	400 EUR
= ertragssteuerliche Nutzungsentnahme	2.700 EUR

Die Nutzungsentnahme beträgt insgesamt 3.176 EUR.

Zusammengefasst in einem Buchungssatz ergibt sich folgende Buchung:

Konto	**Soll**	**Haben**
Privatentnahmen	3.176 EUR	
an Erlöse Pkw-Nutzung ohne Umsatzsteuer		2.700 EUR
an Erlöse Pkw-Nutzung mit Umsatzsteuer		400 EUR
an Umsatzsteuer		76 EUR

Fahrten zwischen Wohnung und Betriebsstätte

Liegt die Betriebsstätte nicht an der Wohnung des Unternehmers, entstehen Aufwendungen im Zusammenhang mit der Fahrt zwischen Wohnung und Betriebsstätte. Diese Aufwendungen stellen aber nach dem EStG keine Betriebsausgabe dar und dürfen daher die Betriebseinnahmen nicht mindern. Im Gegenteil: Sie stellen als Nutzungsentnahme eine Betriebseinnahme dar. Die hier ermittelten Nutzungsentnahmen erhöhen die Entnahmen gemäß der Ein-Prozent-Regelung.

Der Wert der Fahrten zwischen Wohnung und Betriebsstätte ermittelt sich nach folgender Formel:

0,03 % × Listenpreis × km zur Betriebsstätte × genutzte Monate

Um ein steuerrechtlich richtiges Ergebnis zu erreichen, ist die ertragssteuerliche Entfernungspauschale von 0,30 EUR (§ 6 Abs. 1 Nr. 4 Satz 2 EStG) vom obigen Ergebnis abzuziehen.

Die Entfernungspauschale ermittelt sich nach folgender Formel:

Genutzte Tage × 0,30 EUR × Entfernung in km

Beispiel:

Der Online-Händler betreibt seinen Online-Shop in angemieteten Räumen. Diese befinden sich 5 km von seiner Wohnung entfernt. An 230 Tagen im Jahr fährt er daher von der Wohnung zur Betriebsstätte. Der Listenpreis des Fahrzeugs beträgt 30.000 EUR. Die Nutzung lag über das ganze Jahr vor.

Berechnung der Nutzungsentnahme:

Fahrten Wohnung und Betriebsstätte 0,03 % × 30.000 × 5 × 12	540 EUR
./. Entfernungspauschale 230 × 0,30 × 5	345 EUR
Nutzungsentnahme Fahrten	195 EUR
+ Privater Nutzungsanteil nach Ein-Prozent-Regelung 1 % von 30.000 × 12	3.600 EUR
Gesamt Nutzungsentnahme	**3.795 EUR**

Die aufgeführte Berechnung hat keinen Einfluss auf die Ermittlung der Ein-Prozent-Regelung nach dem UStG. Das bedeutet, dass umsatzsteuerlich keine Konsequenzen zu ziehen sind.

Fahrtenbuchmethode

Soll statt der Ein-Prozent-Regelung die Fahrtenbuchmethode angewandt werden, erfolgt die Berechnung ähnlich. In diesem Fall werden die Fahrten zwischen der Wohnung und der Betriebsstätte nicht mit 0,03 Prozent vom Listenpreis, sondern mit ihren tatsächlichen Kilometern anhand des Fahrtenbuchs berechnet.

Beispiel:

Der Online-Händler hat ein ordnungsgemäßes Fahrtenbuch geführt. Daraus ergibt sich, dass von den Gesamtkilometern 5.000 km auf reine Privatfahrten und 2.300 km auf Fahrten zwischen der Wohnung und Betriebsstätte angefallen sind. Insgesamt wurden mit dem Fahrzeug 20.000 km zurückgelegt; es sind Kosten in Höhe von 8.000 EUR angefallen, davon 4.000 EUR ohne Vorsteuerabzug.

Berechnung der Nutzungsentnahme:

Entnahme Privatfahrten (5.000 km : 20.000 km) × 8.000 EUR		2.000 EUR
Fahrten Wohnung/Betrieb (2.300 : 20.000) × 8.000	920 EUR	
./. Entfernungspauschale 230 × 0,30 × 5	345 EUR	
Summe	**575 EUR**	**575 EUR**
Ertragssteuerliche Nutzungs- entnahme		2.575 EUR
Entnahme nach UStG		
Gesamtkosten		8.000 EUR
./. Kosten ohne Vorsteuerabzug		4.000 EUR
		4.000 EUR
Ermittlung Entnahme für Privatfahrten (5.000 : 20.000) × 4.000		1.000 EUR
Umsatzsteuer 19 %		190 EUR

Schätzmethode

Hat der Unternehmer kein Fahrtenbuch geführt und soll die Ein-Prozent-Regelung nicht angewandt werden, findet die Schätzmethode Anwendung.

Beispiel:

Die gefahrenen Kilometer zwischen der Wohnung und Betriebsstätte lassen sich recht leicht errechnen, da die Entfernung und die Anzahl der Nutzungstage ja bekannt sind. Wie bekannt, wird bei der Schätzmethode von einem privaten Nutzungsanteil von mindestens 50 Prozent ausgegangen.

Berechnung der Nutzungsentnahme:

Entnahme Privatfahrten 50 % von 8.000 EUR		4.000 EUR
Fahrten Wohnung/Betrieb (2.300 : 20.000) × 8.000	920 EUR	
./. Entfernungspauschale 230 × 0,30 × 5	345 EUR	
Summe	**575 EUR**	**575 EUR**
Ertragssteuerliche Nutzungsentnahme		4.575 EUR
Entnahme nach UStG		
Gesamtkosten		8.000 EUR
./. Kosten ohne Vorsteuerabzug		4.000 EUR
		4.000 EUR
Ermittlung Entnahme für Privatfahrten		
50 % von 4.000		2.000 EUR
Umsatzsteuer 19 %		380 EUR

7

Computer

Ein Online-Shop lässt sich nicht ohne einen Computer betreiben. Dabei ist es grundsätzlich unerheblich, ob es sich hierbei um einen Homecomputer, ein Notebook oder einen Laptop handelt. Demzufolge sind die Anschaffungskosten als Betriebsausgabe zu behandeln, wenn der Computer mehr als 10 Prozent betrieblich genutzt wird (vgl. Seite 90) und dem Betriebsvermögen vom Unternehmer zugeordnet wurde. Steht der Computer in einem Gewerbebetrieb, sind die Aufwendungen grundsätzlich zu 100 Prozent betrieblich veranlasst.

Befindet sich der Computer jedoch in den Wohnräumen des Unternehmers – was bei vielen Online-Shops wohl der Fall ist – und handelt es sich um das einzige Gerät, wird seitens der Finanzverwaltung unterstellt, dass der Computer auch privat genutzt wird. Diese private Mitbenutzung ist als Entnahme zu bewerten und erhöht am Ende des Kalenderjahres die Betriebseinnahmen. Wurde ein Vorsteuerabzug in Anspruch genommen, ist diese Entnahme zusätzlich noch der Umsatzsteuer zu unterwerfen.

Allerdings lässt sich schwer messen, in welchem Verhältnis betriebliche und private Nutzung zueinander stehen. Schließlich kann keiner feststellen, wie viele Stunden für was verwendet worden sind. Nach der Rechtsprechung wird grundsätzlich von einem Verhältnis der Nutzungsanteile von 50 : 50 ausgegangen.

Stehen in der Wohnung mindestens zwei Computer, können auch für einen Computer die gesamten Aufwendungen als Betriebsausgabe abgezogen werden. Allerdings muss dem Finanzamt glaubhaft dargelegt werden, dass nur ein Computer tatsächlich betrieblich genutzt wird.

Die betriebliche Nutzungsdauer für die AfA beträgt drei Jahre oder 36 Monate. Dieser Zeitraum wurde von der Finanzverwaltung festgelegt und kann nur verändert werden, indem gute Gründe vorgelegt werden. Ist nur ein Computer vorhanden, ist die Nutzungsentnahme für den Computer selbst anhand der AfA zu berechnen. Entsprechend der obigen Ausführungen beträgt diese grundsätzlich 50 Prozent des jährlichen AfA-Betrags. Die Nutzungsentnahme ist, sofern der Vorsteuerabzug bei der Anschaffung möglich war, entsprechend zu versteuern.

Beispiel:

Der Online-Händler Günter Grote schafft sich im Juli 2010 einen Computer für 1.200 EUR zzgl. 228 EUR Umsatzsteuer an. Herr Grote ordnet den Computer dem Betriebsvermögen zu und nimmt den Vorsteuerabzug in Höhe von 228 EUR in Anspruch. Der Computer steht in der Wohnung des Herrn Grote.

Die AfA beträgt für das Kalenderjahr 2010 200 EUR (1.200 EUR × 6/36). Die Nutzungsentnahme für diesen Zeitraum beträgt 50 Prozent von 200 EUR = 100 EUR. Darauf entfallen 19 EUR Umsatzsteuer.

Am Ende des Kalenderjahres bucht Herr Grote die AfA in Höhe von 200 EUR als fiktive Betriebsausgabe. Weiterhin liegt in Höhe von 119 EUR (100 EUR zzgl. 19 EUR Umsatzsteuer) eine Betriebseinnahme vor; die Umsatzsteuer stellt zum Zeitpunkt der Abführung an das Finanzamt eine Betriebsausgabe dar.

Handelt es sich bei dem Computer um ein geringwertiges Wirtschaftsgut, ist die Nutzungsentnahme im Jahr der Anschaffung anzusetzen.

Beispiel:

Die Online-Händlerin Klara Moser erwirbt im August 2010 einen Laptop zum Preis von 300 EUR zzgl. 57 EUR Umsatzsteuer. Der Laptop wird dem Betriebsvermögen zugeordnet, ist aber das einzige Gerät der Frau Moser. Der Online-Shop wird aus der Wohnung geführt.

Bei diesem Laptop handelt es sich um ein geringwertiges Wirtschaftsgut. Demzufolge sind die Anschaffungskosten im Jahr der Anschaffung zu 100 Prozent abzuschreiben. Da eine private Nutzung von 50 Prozent unterstellt wird, ist am Ende des Jahres die private Nutzung zu versteuern. Dies entspricht einem Betrag von 150 EUR zzgl. 28,50 EUR Umsatzsteuer.

Nun besteht ein Computer nicht nur aus dem sogenannten Desktop, sondern auch aus einer Reihe weiterer Geräte. Gemeint sind hier insbesondere der Bildschirm, Tastatur, Drucker oder Scanner. Da diese Geräte nicht ohne Desktop betrieben werden können bzw.

vom Desktop abhängig sind, werden sie als unselbstständige Wirtschaftsgüter bezeichnet. Das hat zur Folge, dass es sich bei diesen Wirtschaftsgütern nicht um geringwertige Wirtschaftsgüter handelt, wenn die Anschaffungskosten die 410-EUR-Grenze unterschreiten (vgl. Seite 86). Daraus folgt, dass die Anschaffungskosten auf die betriebsgewöhnliche Nutzungsdauer (drei Jahre) zu verteilen sind. Die private Nutzungsentnahme ist entsprechend anzuwenden.

Wird ein Computer durch den Einbau einer neuen Festplatte oder eines größeren RAM-Speichers nach- bzw. aufgerüstet, stellen diese Aufwendungen nicht sofort eine Betriebsausgabe dar. Stattdessen ist der Restbuchwert des Computers um die nachträglichen Aufwendungen zu erhöhen. Die restliche AfA ist dann an dem neuen Buchwert zu ermitteln.

Wird ein gebrauchter Computer angeschafft, kann natürlich eine kürzere betriebsgewöhnliche Nutzungsdauer angesetzt werden. Der Abschreibungszeitraum für Software beträgt drei bis fünf Jahre, sofern diese getrennt vom Computer angeschafft wurde.

Kommt die 50-Prozent-Regelung für einen Computer zur Anwendung, ist diese auch auf die weiteren Kosten für das Internet auszuweiten. Dies trifft hier vor allem auf die Kosten für den Internetzugang (Internet-Flatrate) zu.

Raumkosten

Externe Räume

Werden außerhalb der Wohnung Räume zur betrieblichen Nutzung angemietet, können die Aufwendungen hierfür uneingeschränkt als Betriebsausgaben abgezogen werden.

Häusliche Arbeitszimmer

Das häusliche Arbeitszimmer ist ein permanenter Streitpunkt zwischen dem Finanzamt und dem Steuerpflichtigen. Der Gesetzgeber hat zudem die Regelungen nicht sonderlich vereinfacht. Grundsätzlich können nach dem EStG 2010 die Aufwendungen für ein häusliches Arbeitszimmer nicht abgezogen werden. Dies gilt aber nicht, wenn das häusliche Arbeitszimmer den gesamten Mittelpunkt der gewerblichen Tätigkeit bildet.

Damit man überhaupt von einem Arbeitszimmer sprechen kann, muss es sich um einen abgeschlossenen Raum in der Wohnung handeln, der so eingerichtet ist, dass man auf die in diesem Fall gewerbliche Tätigkeit schließen kann. Es wird dabei als schädlich angesehen, wenn in dem Raum gleichzeitig andere private Sachen (z. B. Eisenbahnanlage) gelagert oder Handlungen (z. B. gleichzeitig Esszimmer) vorgenommen werden. Allerdings kommt es hier auf den Umfang an. So kann man grundsätzlich von einer nahezu ausschließlichen Nutzung sprechen, wenn der betriebliche Anteil größer als 90 Prozent ist. Gleichfalls ist es schädlich, wenn es sich bei dem häuslichen Arbeitszimmer um ein sogenanntes Durchgangzimmer handelt, das heißt, dass man nur durch diesen Raum in andere Räume der Wohnung gelangt (Ausnahme: Bad, Toilette). Das häusliche Arbeitszimmer ist nicht auf einen Raum beschränkt, daher können auch durchaus zwei Räume ein häusliches Arbeitszimmer bilden. Allerdings sollte die Fläche des häuslichen Arbeitszimmers nicht größer sein als die Fläche, die noch zum Wohnen bleibt. Ein Anteil von maximal 30 Prozent an der Gesamtwohnfläche ist in der Regel unproblematisch.

Das häusliche Arbeitszimmer muss den Mittelpunkt der betrieblichen Betätigung darstellen. Bei einem Online-Shop, der von der Wohnung betrieben wird, ist das Vorliegen dieser Voraussetzung zu unterstellen. Die wirtschaftlichen Aufwendungen, die für die Wohnung entstehen, können auf das häusliche Arbeitszimmer anteilig aufgeteilt werden und in der ermittelten Höhe eine Betriebsausgabe darstellen.

Aufwendungen für eine Wohnung

- Miete
- Gebäude-AfA, wenn die Wohnung zum Eigentum gehört
- Schuldzinsen für Kredite im Zusammenhang mit Reparaturen, den Anschaffungs- oder Herstellungskosten einer im Eigentum stehenden Wohnung
- Wasser- und Energiekosten
- Renovierungskosten
- Grundsteuer, Müllabfuhr, Schornsteinfeger, Gebäudeversicherungen

Bei der Verteilung der Kosten gilt der Grundsatz der direkten Zuordnung vor der Aufteilung. Sind beispielsweise Kosten nur im Arbeitszimmer oder nur im Wohnbereich angefallen, sind diese Aufwendungen auch direkt zuzuordnen.

Der Aufteilungsschlüssel wird aus dem Verhältnis der Fläche des Arbeitszimmers zur restlichen Wohnfläche ermittelt.

Praxis-Tipp:
Das Finanzamt sieht es gerne, wenn der Aufteilungsschlüssel mit zwei Nachkommastellen berechnet und hierüber eine Skizze vorgelegt wird. Der ermittelte Aufteilungsschlüssel wird anschließend auf die aufzuteilenden Kosten angewandt.

Beispiel:

Die Online-Händlerin Olga Oleg betreibt den Shop aus ihrer geräumigen 120 qm großen Wohnung. Das häusliche Arbeitszimmer hat eine Größe von 15 qm. Die monatliche Miete beträgt 800 EUR. Im Jahr 2010 sind Stromkosten in Höhe von 600 EUR angefallen, weiterhin sonstige Betriebskosten von 300 EUR. Das Arbeitszimmer bestand das gesamte Kalenderjahr.

Berechnung des Aufteilungsschlüssels:

Gesamtwohnfläche	=	120 qm (= 100 %)
(15 qm × 100) : 120 qm	=	12,50 %

Der Flächenanteil des Arbeitszimmers beträgt 15 Prozent.

Anwendung des Schlüssels:

Stromkosten	600,00 EUR
+ Miete (12 Monate)	9.600,00 EUR
+ sonstige Betriebskosten	300,00 EUR
Gesamt	**10.500,00 EUR**
davon 12,5 %	1.312,50 EUR

Frau Oleg kann 1.312,50 EUR als Betriebsausgabe ansetzen.

Sind bei den Aufwendungen auch solche, die mit Umsatzsteuer in Rechnung gestellt werden, kann die Vorsteuer anteilig beim Finanzamt geltend gemacht werden.

Auch wenn kein häusliches Arbeitszimmer vorliegt, können dennoch die Aufwendungen für Büromöbel bzw. die AfA hierzu als Betriebsausgaben abgezogen werden.

Einlagen von Wirtschaftsgütern

Häufig werden im Zusammenhang mit einer Existenzgründung Gegenstände aus dem Privatvermögen nun auch betrieblich genutzt. Das klassische Beispiel ist natürlich der Computer, der bereits vorhanden war, bevor der Gedanke, einen Online-Shop zu eröffnen, gereift ist. Damit sich diese betriebliche Nutzung zugunsten des Unternehmers steuerlich auswirkt, ist der Gegenstand in das Betriebsvermögen einzulegen. Nach der Einlage können für die Restnutzungsdauer AfA als Betriebsausgabe von den Betriebseinnahmen abgezogen werden (vgl. zur AfA Seite 86). Dabei ist aber zu berücksichtigen, dass der betriebliche Nutzungsanteil mehr als 10 Prozent betragen muss (vgl. Seite 90).

Die Einlage erfolgt mit dem sogenannten Teilwert. Der Begriff Teilwert umschreibt den Wert eines Wirtschaftsgutes zum Zeitpunkt der Einlage in das Betriebsvermögen. Dieser kann die ursprünglichen Anschaffungs- oder Herstellungskosten übersteigen oder die ursprünglichen Kosten unterschreiten. Ist der Teilwert höher als die ursprünglichen Anschaffungs- oder Herstellungskosten, sind die Anschaffungs- oder Herstellungskosten trotzdem anzusetzen, wenn die Einlage innerhalb der letzten drei Jahre nach der Anschaffung oder Herstellung erfolgt (§ 6 Abs. 1 Nr. 5 Satz 1 Buchst. a EStG).

Im Rahmen der Existenzgründung eines Online-Shops ist davon auszugehen, dass zunächst nur abnutzbare Wirtschaftsgüter (z. B. Computer, Schränke, Schreibtisch) in das Betriebsvermögen eingelegt werden. Der Teilwert für solche Wirtschaftsgüter ermittelt sich durch die Kürzung der ursprünglichen Anschaffungskosten um die für den Zeitraum bis zur Einlage fiktiv angefallenen AfA-Raten. Zur Anwendung kommt hier nur die lineare AfA (vgl. Seite 87).

Beispiel:

Claudia Neumann eröffnet am 01.07.2010 ihren Online-Shop. Im November 2009 hatte sie sich einen Computer gekauft. Die Anschaffungskosten beliefen sich auf 1.200 EUR. Diesen Computer legt sie am 01.07. in das Betriebsvermögen ein, da dieser ab jetzt fast ausschließlich betrieblichen Zwecken dient. Der AfA-Zeitraum für den Computer beträgt drei Jahre.

Berechnung des Teilwerts für die Einlage:

Anschaffungskosten November 2009	1.080 EUR
./. AfA bis Einlage (8 Monate)	240 EUR
Teilwert zum 01.07.2010	840 EUR

Der Teilwert von 840 EUR ist für den Restzeitraum als AfA bei der Gewinnermittlung von den Betriebseinnahmen abziehbar.

Die Anschaffungs- oder Herstellungskosten umfassen auch die gezahlten Umsatzsteuern, da diese bei der Anschaffung oder Herstellung von der Privatperson nicht als Vorsteuer geltend gemacht werden konnten. Diese werden auch nach der Einlage nicht oder nicht anteilmäßig vom Finanzamt erstattet (Abschnitt 214 Abs. 6 Nr. 1 UStR 2008; EuGH-Urteil vom 02.06.2005).

7

Erstellung der Einnahmenüberschuss-Rechnung

Die praktische Darstellung einer Einnahmenüberschuss-Rechnung ist weniger leicht als vermutet. Im Prinzip reicht es aus, die Betriebseinnahmen und -ausgaben in einer Excel-Tabelle darzustellen. Je nach Umfang der Umsätze und Geschäftsvorfälle sollten die Betriebseinnahmen und -ausgaben strukturiert erfasst und dargestellt werden. Das hat den Vorteil, dass sich Auswirkungen auf die Geschäfte schneller erkennen lassen.

Kontenrahmen

Um die Betriebseinnahmen und -ausgaben strukturiert darzustellen, empfiehlt sich die Anlage eines sogenannten Kontenrahmens. Dieser soll helfen, sich wiederholende Geschäftsvorfälle, wie etwa den Warenverkauf, Wareneinkauf oder Mieten, auf den gleichen Konten zu führen.

Welche Konten sollten benutzt werden? Die Frage ist recht schnell zu beantworten. Die Finanzverwaltung schreibt vor, dass die Einnahmenüberschuss-Rechnung auf dem amtlichen Vordruck, der Anlage EÜR, im Rahmen der Steuererklärung zu übermitteln ist. Es empfiehlt sich daher, dass der Kontenrahmen sich an der Anlage EÜR orientiert.

Wichtig: Unternehmer, deren Betriebseinnahmen 17.500 EUR im Kalenderjahr unterschreiten, brauchen die Anlage EÜR nicht zwingend auszufüllen. Die Finanzverwaltung erkennt hier auch eine formlose Gewinnermittlung an.

Nach der Anlage EÜR müssen folgende Einzelangaben (bezogen auf einen Online-Shop), sofern dort Betriebseinnahmen oder -ausgaben erfolgt sind, gemacht werden:

Einzelangaben in der Anlage EÜR

Betriebseinnahmen

- umsatzsteuerpflichtige Betriebseinnahmen
- umsatzsteuerfreie Betriebseinnahmen
- vereinnahmte Umsatzsteuern sowie Umsatzsteuern auf unentgeltliche Wertabgaben
- vom Finanzamt erstattete ggf. verrechnete Umsatzsteuer
- Veräußerung oder Entnahme von Anlagevermögen
- private Kfz-Nutzung
- sonstige Sach-, Nutzungs- und Leistungsentnahmen
- Auflösung von Rücklagen, Ansparabschreibungen für Existenzgründer und/oder Ausgleichsposten

Betriebsausgaben

- Waren
- bezogene Leistungen
- Ausgaben für eigenes Personal
- AfA
- Kraftfahrzeugkosten
- Raumkosten
- Schuldzinsen
- Aufwendungen für Geschenke, Bewirtung, Reisekosten
- Porto, Telefon, Büromaterial
- Fortbildung und Fachliteratur
- Rechts- und Steuerberatungskosten
- gezahlte Vorsteuerbeträge
- an das Finanzamt gezahlte und ggf. verrechnete Umsatzsteuer
- übrige, hier nicht aufgeführte Aufwendungen

Der Umfang der zu nutzenden Konten hängt grundsätzlich vom Umfang der Tätigkeit ab. Dazu kommt, dass je nach Tätigkeit die Konten in der Buchführung nochmals unterteilt werden müssen. Dies ist dann der Fall, wenn durch den Unternehmer neben den umsatzsteuerpflichtigen Umsätzen auch umsatzsteuerfreie Umsätze erzielt werden. Hier verlangt die Umsatzsteuervoranmeldung und Umsatzsteuerjahreserklärung noch weitere Aufteilungen.

Weiterhin müssen für die Umsatzsteuer die Betriebseinnahmen nach Steuersätzen getrennt aufgezeichnet werden. Im Normalfall handelt es sich hier um die Umsätze zu 7 Prozent und 19 Prozent. In der Umsatzsteuervoranmeldung sind weitere Unterscheidungen vorgesehen, diese treffen aber nicht unbedingt auf einen Online-Shop zu und werden daher hier vernachlässigt.

Sofern einzelne Konten eingerichtet werden, sollten diese mit Kontennummern versehen werden. Das erspart eine aufwändige Beschriftung von Belegen und spart Platz in der Excel-Tabelle. Das Beschriften der Belege wird als Kontierung bezeichnet. Vorteil dieser Kontierung ist, dass sich die Buchungen einzelner Geschäftsvorfälle in der Buchführung nachverfolgen lassen.

Gestaltung des Kontenrahmens

- Kontonummer
- Kontobezeichnung
- Vermerk, ob in dem Konto Betriebseinnahmen oder -ausgaben verzeichnet werden oder ob es sich um ein Bestandskonto ohne Gewinnauswirkung handelt
- Vermerk, ob dieses Konto in der EÜR übernommen wird

In Anlehnung an bekannte Buchführungssysteme könnte ein Kontenrahmen wie folgt aussehen:

Beispiel Kontenrahmen

Kontonummer	Kontobezeichnung	Art	Verwendung
0300	Pkw	Bestand	
0320	Betriebsausstattung	Bestand	
1000	Kasse	Bestand	
1200	Bank	Bestand	
1300	Privateinlagen	Bestand	
1400	Privatentnahmen	Bestand	
1500	Gezahlte Vorsteuern	Ausgabe	EÜR

Beispiel Kontenrahmen			
Kontonummer	Kontobezeichnung	Art	Verwendung
1510	Vorsteuern innergemeinschaftlicher Erwerbe	Ausgabe	EÜR
1520	Gezahlte Einfuhrumsatzsteuer	Ausgabe	EÜR
1530	Erstattete Einfuhrumsatzsteuer	Einnahme	EÜR
1700	Erhaltene Umsatzsteuer 7 %	Einnahme	EÜR
1710	Erhaltene Umsatzsteuer 19 %	Einnahme	EÜR
1720	Umsatzsteuer innergemeinschaftliche Erwerbe	Einnahme	EÜR
1800	Umsatzsteuerzahlung Finanzamt	Einnahme/Ausgabe	EÜR
3000	Wareneinkauf ohne Umsatzsteuer (Differenzbesteuerung)	Ausgabe	EÜR
3010	Wareneinkauf mit Umsatzsteuer	Ausgabe	EÜR
3020	Innergemeinschaftliche Erwerbe	Ausgabe	EÜR
4000	Fremdleistungen	Ausgabe	EÜR
4010	Löhne	Ausgabe	EÜR
4011	Sozialabgaben Personal	Ausgabe	EÜR
4020	Absetzungen für Abnutzungen	Ausgabe	EÜR
4021	Geringwertige Wirtschaftsgüter	Ausgabe	EÜR
4030	Fahrzeugkosten	Ausgabe	EÜR
4031	Kfz-Versicherung und Steuer	Ausgabe	EÜR
4040	Miete, Pacht, Arbeitszimmer	Ausgabe	EÜR
4045	Telefonkosten	Ausgabe	EÜR
4046	Internetkosten (z. B. Webseite)	Ausgabe	EÜR
4050	Betriebliche Schuldzinsen	Ausgabe	EÜR
4060	Geschenke, abziehbar	Ausgabe	EÜR
4061	Geschenke, nicht abziehbar	Info	EÜR
4070	Bewirtung, abziehbar	Ausgabe	EÜR
4071	Bewirtung, nicht abziehbar	Info	EÜR
4080	Reisekosten	Ausgabe	EÜR
4090	Porto, Transportkosten	Ausgabe	EÜR
4100	Büromaterial	Ausgabe	EÜR
4200	Fachliteratur	Ausgabe	EÜR

Beispiel Kontenrahmen			
Kontonummer	Kontobezeichnung	Art	Verwendung
4300	Rechts- und Beratungskosten	Ausgabe	EÜR
4400	Übrige Betriebsausgaben	Ausgabe	EÜR
8000	Erlöse ohne Umsatzsteuer	Einnahme	EÜR
8001	Erlöse Marge Differenzbesteuerung	Einnahme	EÜR
8010	Erlöse 7 %	Einnahme	EÜR
8020	Erlöse 19 %	Einnahme	EÜR
8030	Erlöse, innergemeinschaftliche	Einnahme	EÜR
8040	Erlöse, Lieferungen ins Drittland	Einnahme	EÜR
8050	Entnahmen von Waren und Anlagevermögen	Einnahme	EÜR
8060	Private Kfz-Nutzung	Einnahme	EÜR
8070	Erlöse, Veräußerung Anlagevermögen	Einnahme	EÜR
8080	Sonstige Erlöse	Einnahme	EÜR

Der Kontenrahmen ist individuell und kann dementsprechend verändert werden. Letztendlich hängt es davon ab, wie der Unternehmer seine Umsätze und Aufwendungen gliedern möchte. Bei größeren Sachverhalten sollte geprüft werden, ob die Buchführung nicht von einem Steuerberater übernommen werden soll.

Beispiel:

Emma Schuchna eröffnet im Internet einen Online-Shop und verkauft dort Fußballtrikots. Diese kauft sie bei einem Händler in Deutschland ein und verkauft sie ausschließlich an Kunden in Deutschland. Einen betrieblichen Pkw hat sie nicht. Die Waren werden in einem kleinen angemieteten Lagerraum gelagert. Die Kunden müssen die Waren per Banküberweisung im Voraus bezahlen. Nach Zahlungseingang wird die Ware versandt. Zum Betriebsvermögen gehören ein Laptop und ein Drucker.

Der Kontenplan könnte folgende Konten umfassen:

Betriebsausstattung (0320), Kasse (1000), Bank (1200), Privateinlagen (1300), Privatentnahmen (1400), Vorsteuern (1500), Umsatzsteuer (1710), Umsatzsteuer Finanzamt (1800), Wareneinkauf (3010), AfA (4020), GWG (4021), Miete (4040), Telefonkosten (4045), Internetkosten (4046), Porto, Transportkosten (4090), Büromaterial (4100), übrige Betriebsausgaben (4400), Erlöse 19 % (8020).

Ein erstellter und bebuchter Kontenrahmen muss nicht abschließend sein. So können natürlich im Verlauf der Jahre weitere Konten hinzukommen. Im Jahr der Gründung sollte ein sogenanntes Grundgerüst zusammengesetzt werden. Zum Kontenplan von Emma Schuchna aus dem obigen Beispiel könnten später etwa Konten für einen Pkw hinzukommen, wenn sie einen solchen für den Betrieb anschafft.

Buchführungsgrundsätze

Damit es bei einer Prüfung der Buchführung keine formellen Probleme gibt, sollten die folgenden wichtigen Grundsätze beachtet werden:

Grundsätze der Buchführung

- Die Buchführung muss klar und übersichtlich sein. Das heißt, dass ein sachverständiger Dritter sich schnell einen Überblick verschaffen können muss.
- In der Buchführung müssen alle Sachverhalte vollständig und zeitgerecht erfasst werden.
- Keine Buchung ohne Beleg. Ausnahmen: AfA oder unentgeltlicher Werteverzehr.
- Fortlaufende Nummerierung der Vorfälle in den Büchern bzw. in der Tabelle.
- Keine nachträgliche Löschung von Buchungen. Fehlbuchungen oder Rückbuchungen sind grundsätzlich im Rahmen einer Stornobuchung zu berücksichtigen. Gleiches gilt prinzipiell auch bei einer handschriftlichen Buchführung. Hier können allerdings auch Streichungen erfolgen. Diese müssen jedoch so vorgenommen werden, dass der gestrichene Wert noch lesbar ist.

Ein Verstoß gegen diese Grundsätze könnte dazu führen, dass das Finanzamt die Buchführung nicht anerkennt und die Besteuerungsgrundlagen im Wege der Schätzung gemäß § 162 AO ermittelt. Das sollte möglichst vermieden werden.

Buchführung

Wie bereits erwähnt, reicht es auch aus, nur die Betriebseinnahmen und -ausgaben in einer Tabelle untereinander zu erfassen. Bei einer großen Anzahl von Geschäftsvorfällen kann dies jedoch schnell unübersichtlich werden, was einem später zum Verhängnis werden kann. Weiterhin vereinfacht eine Buchung auf Konten die Erstellung der Umsatzsteuervoranmeldungen. Ausgenommen sind natürlich Unternehmer, die wegen der Kleinunternehmerregelung keine Umsatzsteuervoranmeldungen einreichen müssen.

Wer sich entscheidet, die Einnahmenüberschuss-Rechnung anhand unterschiedlicher Konten zu erstellen, wird sogenannte Buchungssätze bilden müssen.

Grundlagen

Ein Konto hat grundsätzlich zwei Seiten, Soll und Haben. In der Bilanzbuchführung werden diese Aktiva und Passiva genannt.

Soll	Haben
Betriebsausgaben	Betriebseinnahmen

Die Buchungen erfolgen nach konkreten Regeln:

- Betriebseinnahmen werden im Haben gebucht.
- Betriebsausgaben werden im Soll gebucht.
- Kasse und Bank sind sogenannte Bestandskonten. Eine Erhöhung des Bestandes wird im Soll erfasst, die Minderung im Haben.
- Werden Betriebsausgaben durch Privateinlagen ausgeglichen, erfolgt die Buchung auf dem Konto Privateinlagen im Haben.
- Werden Betriebseinnahmen durch Privatentnahmen erzielt, erfolgt die Buchung auf dem Konto Privateinlagen im Soll.

Wird ein Buchungssatz gebildet, werden grundsätzlich immer Soll und Haben angesprochen. Das heißt, in der Summe müssen die Soll- und Haben-Buchung gleich sein.

Zur Verdeutlichung einige Muster-Sachverhalte:

Sachverhalt 1

Die Firma Müller kauft bei der Firma Klein Waren ein. Die Rechnung in Höhe von 3.000 EUR zzgl. 570 EUR Umsatzsteuer wird per Bankzahlung ausgeglichen.

Konto	Soll	Haben
Wareneinkauf	3.000 EUR	
Vorsteuer	570 EUR	
an Bank		3.570 EUR

Der Wareneinkauf zzgl. der Vorsteuer stellt zum Zeitpunkt der Bezahlung eine Betriebsausgabe dar, die Buchung muss daher im Soll erfolgen. Das Bankkonto ist ein Bestandskonto der Aktivseite. Hier werden die Zunahmen im Soll und die Abnahme im Haben gebucht. Da es sich aufgrund der Zahlung um eine Abnahme des Bankbestandes handelt, erfolgt die Buchung im Haben.

Sachverhalt 2

Ein Kunde der Firma Müller überweist 500 EUR zzgl. 95 EUR Umsatzsteuer auf das Bankkonto. Herr Müller liefert dafür sofort die entsprechende Ware.

Konto	Soll	Haben
Bank	595 EUR	
an Erlöse 19 %		500 EUR
an Umsatzsteuer 19 %		95 EUR

Die Zahlung des Kunden erhöht den Bankbestand und ist deshalb im Soll zu buchen. Die Erlöse und die Umsatzsteuer stellen zum Zeitpunkt der Zahlung eine Einnahme dar und sind daher im Haben zu erfassen.

Sachverhalt 3

Die Firma Müller bezahlt die Miete für den Lagerraum aus ihrer privaten Geldbörse. Die Miete beträgt 100 EUR. Umsatzsteuer fällt nicht an.

Konto	Soll	Haben
Miete	100 EUR	
an Privateinlagen		100 EUR

Die Miete ist zum Zeitpunkt der Zahlung an den Vermieter eine Betriebsausgabe. Das Konto Privateinlage ist erfolgsneutral. Die Einlagen sind dort im Haben zu erfassen.

Sachverhalt 4

Am Jahresende bucht die Firma Müller die AfA für den betrieblichen Pkw in Höhe von 2.000 EUR.

Konto	Soll	Haben
AfA	2.000 EUR	
an Pkw		2.000 EUR

Die AfA stellt am Jahresende eine fiktive Betriebsausgabe dar und ist deshalb im Soll zu buchen. Das Konto Pkw ist ein Aktivkonto, deshalb werden die Minderungen dort im Haben erfasst.

Sachverhalt 5

7

Die Firma Müller nutzt den betrieblichen Pkw auch zu privaten Zwecken. Demzufolge muss eine unentgeltliche Wertabgabe versteuert werden. Am 31.12.2010 bucht Herr Müller gemäß der Ein-Prozent-Regelung eine Nutzungsentnahme in Höhe von 2.400 EUR zzgl. 456 EUR Umsatzsteuer.

Konto	Soll	Haben
Privatentnahme	2.856 EUR	
an private Pkw-Nutzung 19 %		2.400 EUR
an Umsatzsteuer 19 %		456 EUR

Die unentgeltliche Wertabgabe stellt kraft Gesetzes eine Betriebseinnahme dar. Demzufolge erfolgt die Buchung im Haben. Entsprechend muss die Buchung auf dem Konto Privatentnahmen im Soll erfolgen (siehe auch Beispiel auf Seite 103).

Kontenabschluss

Ist eine Buchungsperiode oder das Kalenderjahr beendet, sind die Konten zu saldieren. Der jeweilige Saldo auf dem Konto stellt das Ergebnis auf diesem Konto dar. Grundsätzlich erfolgt die Saldierung erst am Jahresende. In der Umsatzsteuer müssen aber Zwischensalden entsprechend der Voranmeldezeiträume gebildet werden, da diese für die Erstellung der Umsatzsteuervoranmeldung benötigt werden.

Die Saldierung erfolgt, indem die Differenz zwischen der Soll- und Haben-Seite eines Kontos berechnet wird.

Beispiel:

Das Konto Erlöse enthält folgende Buchungen (vereinfacht dargestellt):

Soll	Haben
1.000 EUR	2.000 EUR
	6.600 EUR
	4.000 EUR
Saldo 16.600 EUR	5.000 EUR
17.600 EUR	17.600 EUR

Die Differenz zwischen der Haben- und der Soll-Seite beträgt 16.600 EUR. Entsprechend wurde ein Erlös in dieser Höhe erzielt.

7

Die durch die Saldierungen der Konten ermittelten Betriebseinnahmen und -ausgaben sind so in die Einnahmenüberschuss-Rechnung oder Umsatzsteuervoranmeldungen zu übernehmen.

Die Umsatzsteuer

Umsatzsteuer und Vorsteuer

Ein wichtiges steuerrechtliches Thema ist die Umsatzsteuer, deren falsche Behandlung schnell zu Problemen führen kann. Besser bekannt ist diese Steuer unter dem Namen Mehrwertsteuer. Einen Unterschied gibt es nicht.

Um die Umsatzsteuer besser verstehen zu können, gilt es zu wissen, was eigentlich besteuert wird. Dabei sind zwei Begriffe zu unterscheiden:

Die Umsatzsteuer bezeichnet den Betrag, der dem Kunden in Rechnung gestellt und später an das Finanzamt abführt wird.

Bei der Vorsteuer handelt es sich um den Betrag, der vom Lieferanten berechnet und später vom Finanzamt erstattet wird.

Unterscheidung Umsatz- bzw. Vorsteuer

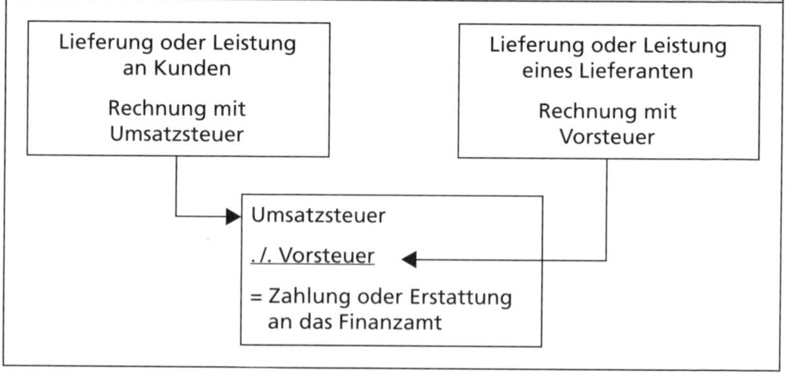

Der Begriff „Mehrwertsteuer"

Der Begriff Mehrwertsteuer spiegelt das Umsatzsteuersystem wider, da immer nur der Mehrwert besteuert wird. Wie aus der obigen Darstellung zu ersehen, wird die Vorsteuer von der Umsatzsteuer abgezogen. Das bedeutet, dass die Steueraufwendungen für den Leistungsbezug die Steuern für das Erbringen einer Leistung mindern. Am Ende ist nur der Abnehmer mit der Umsatzsteuer belastet, der die Lieferung oder Leistung verbraucht, der sogenannte Endverbraucher.

Beispiel:

Der Online-Händler Dieter Klein kauft eine Ware für 200 EUR zzgl. 38 EUR Umsatzsteuer ein. Diese Ware verkauft er an einen Kunden für 400 EUR zzgl. 76 EUR.

Bezogen auf die Umsatzsteuer hat Herr Klein folgende Betriebseinnahme und Betriebsausgabe:

Betriebseinnahme	76 EUR
. /. Betriebsausgabe	38 EUR
Summe	**38 EUR**

In der Umsatzsteuererklärung wird die Zahllast wie folgt ermittelt:

Umsatzsteuer Erlöse	76 EUR
./. Vorsteuer Aufwand	38 EUR
Zahllast an das Finanzamt	**38 EUR**

Herr Klein muss 38 EUR an das Finanzamt abführen. Es handelt sich genau um die 38 EUR, die nach Abzug der Betriebsausgaben von den Betriebseinnahmen übrig bleiben. Diese 38 EUR stellen den sogenannten Mehrwert dar.

8

Der Begriff „Umsatzsteuer"

Die Umsatzsteuer besteuert somit grundsätzlich die Erlöse, die beim Verkauf einer Ware und bei der Erbringung einer Dienstleistung erzielt werden. Die Steuer wird dem kalkulierten Preis hinzugerechnet.

Beispiel:

Hermann Müller möchte eine Ware im Internet anbieten. Die Ware hatte einen Einkaufspreis von 80 EUR. Um einen Gewinn von 20 EUR zu erzielen, muss Herr Müller einen Nettopreis von 100 EUR kalkulieren. Dazu kommen noch einmal 19 Prozent Umsatzsteuer. Somit muss er die Ware mit 119 EUR anbieten, da 19 EUR Umsatzsteuer an das Finanzamt abgeführt werden müssen.

Der Begriff „Vorsteuer“

Vorsteuer ist der Betrag an Umsatzsteuern, die an den Lieferanten bezahlt werden muss. In der Umsatzsteuervoranmeldung kann die Vorsteuer von der Umsatzsteuer abgezogen werden, es ist nur die Differenz zu bezahlen.

Beispiel:

Hermann Müller hatte die Ware aus dem obigen Beispiel für 80 EUR erworben. Wenn wir davon ausgehen, dass hierauf noch Umsatzsteuer berechnet wurde, ergibt sich ein Bruttobetrag von 95,20 EUR. Demzufolge sind 15,20 EUR an Vorsteuern angefallen. Diese kann in der Umsatzsteuervoranmeldung von der Umsatzsteuer abgezogen werden. Ausgehend vom obigen Beispiel ergibt sich folgende Rechnung:

Umsatzsteuer aus Warenverkauf	19,00 EUR
./. Vorsteuer aus Wareneinkauf	15,20 EUR
Zahlbetrag an das Finanzamt	3,80 EUR

Herr Müller braucht insgesamt nur 3,80 EUR an das Finanzamt abführen.

Steuersätze

Grundsätzlich werden alle Lieferungen und Dienstleistungen nach dem Regelsteuersatz besteuert. Dieser beträgt derzeit 19 Prozent. Darüber hinaus gibt es einige andere geringere Steuersätze. Der bekannteste Steuersatz ist der zu 7 Prozent. Er wird hauptsächlich bei Lebensmitteln, Kunstgegenständen, Büchern oder Zeitschriften angewandt. Die weiteren Steuersätze sind zwar vorhanden, brauchen aber hier nicht besonders betrachtet werden.

Praxis-Tipp:

Die Umsatzsteuervoranmeldestellen der Finanzämter geben darüber Auskunft, wann welcher Steuersatz angewendet werden muss.

Umsatzsteuerlicher Unternehmer

Im Umsatzsteuerrecht wird der Begriff Unternehmer anders definiert als in anderen Steuergesetzen. Nach dem UStG ist jeder als Unternehmer anzusehen, der eine gewerbliche und berufliche Tätigkeit selbstständig nachhaltig zur Erzielung von Einnahmen ausübt. Es kommt nicht darauf an, dass dabei auch Gewinne erzielt werden.

Eine selbstständige Tätigkeit im umsatzsteuerrechtlichen Sinne liegt vor, wenn diese Tätigkeit auf eigene Rechnung und auf eigene Verantwortung ausgeübt wird, das heißt, diese Tätigkeit für sich selbst ausgeführt wird.

Die Voraussetzung einer gewerblichen oder beruflichen Tätigkeit ist im Umsatzsteuerrecht schnell erfüllt. Hier umfasst der Begriff wesentlich mehr als der einkommensteuer- oder gewerbesteuerliche Begriff. Im UStG wird lediglich gefordert, dass die Leistung in einem wirtschaftlichen Sinne ausgeübt wird, das heißt, einer Leistung eine Gegenleistung gegenübersteht.

Der eigentliche Stolperstein in den Voraussetzungen ist die Forderung nach der Nachhaltigkeit. Betrachtet man zum Beispiel die Verkaufsplattform Ebay, wird man dort viele Verkäufer finden. Einige von diesen Verkäufern veräußern dort nur einzelne Dinge aus ihrem täglichen Leben, treten dabei aber wesentlich öfter als einmal auf. Sind sie aber deswegen gleich Unternehmer?

Nach dem UStG liegt eine nachhaltige gewerbliche oder berufliche Tätigkeit vor, wenn sie auf Dauer zur Erzielung von Entgelten angelegt ist. Demzufolge könnte es sich auch bei diesen Personen um Unternehmer im umsatzsteuerrechtlichen Sinne handeln.

Kriterien der nachhaltigen Tätigkeit

- mehrjähriges Handeln
- planmäßiges Handeln
- auf Wiederholung angelegte Tätigkeit
- Ausführung mehr als eines Umsatzes
- Vornahme mehrerer gleichartiger Handlungen unter Ausnutzung derselben Gelegenheit oder dasselbe dauernde Verhältnis
- langfristige Duldung eines Eingriffs in den eigenen Rechtskreis
- Intensität des Tätigwerdens
- Beteiligung am Markt
- Auftreten wie ein Händler
- Unterhalten eines Geschäftslokals (auch Webseite)
- Auftreten nach außen (z. B. gegenüber Behörden)

Diese Kriterien müssen nicht alle gleichermaßen oder gleichermaßen hoch vorliegen. Maßgeblich für die Beurteilung sind die Merkmale, bezogen auf den Einzelfall.

Das Problem, ob Warenangebote im Internet zu einer Unternehmereigenschaft führen, ist demnach nur in der Betrachtung des Gesamtfalls zu lösen. Wer ausschließlich hin und wieder mit Waren aus seinem eigenen Haushalt auftritt, wird die Kriterien eben nicht erfüllen. Insbesondere fehlt es hier am planmäßigen Handeln. Wer aber beispielsweise Neuwaren oder Gebrauchtwaren veräußert, die nicht zum eigenen Haushalt gehören, erfüllt die genannten Voraussetzungen.

Internetauktionshäuser vereinfachen die Beurteilung des Einzelfalls. Hier werden die Transaktionen nämlich im Rahmen von Beurteilungen registriert. Das bedeutet, dass von außen erkennbar ist, wie häufig jemand mit Waren gehandelt hat. So hat das OLG Frankfurt in einen Zivilprozess entschieden, dass ein geschäftsmäßiger Handel vorliegt, wenn in einem Monat 27 Verkäufe von einer Person durchgeführt worden sind. Wird nur oder auch Neuware gehandelt, ist davon auszugehen, dass es sich um einen Unternehmer handelt.

Praxis-Tipp:
Wer Unternehmer im Internet werden will, sollte sich auch gegenüber den Behörden als solcher zeigen. Internetauktionshäuser werden permanent von den Finanzbehörden nach Unternehmern überprüft, die sich steuerrechtlich noch nicht haben registrieren lassen. Eine Entdeckung hat strafrechtliche Folgen.

Wer einen Online-Shop mit der Absicht einrichtet, Waren zu verkaufen oder Dienstleistungen anzubieten, ist als Unternehmer anzusehen. Daraus folgt, dass er seine Umsätze grundsätzlich der Umsatzsteuer zu unterwerfen hat.

Die Unternehmereigenschaft beginnt umsatzsteuerrechtlich nicht erst mit der Anmeldung bei der örtlichen Gewerbemeldestelle, sondern bereits zum Zeitpunkt des tatsächlichen Tätigwerdens. Dieser Zeitpunkt ist erreicht, wenn man nach außen erkennbar als Unternehmer auftritt.

Aber auch die Planung und Vorbereitung kann bereits einer unternehmerischen Tätigkeit zugeordnet werden. Das ist auch gut so, sonst würden mögliche Vorbereitungshandlungen nicht berücksichtigt. Vorbereitungshandlungen sind beispielsweise der Wareneinkauf zur Betriebseröffnung, Anschaffungen von Betriebsausstattungen oder eines betrieblichen Pkw. Bezogen auf einen Online-Sho, können das Aufwendungen für den Internetzugang und die Erstellung einer Webseite sein.

Beispiel:

Frieda Grau möchte einen Online-Shop eröffnen. Im Januar 2010 mietet sie eine Internet-Flatrate und kauft sich einen Laptop. Zur Erstellung einer Verkaufswebseite erwirbt sie zudem entsprechende Software. Im März 2010 kauft sie die Waren ein, die sie über ihre Seite veräußern möchte. Die Webseite geht im April 2010 online. Bei aller Planung hat sie vergessen, das Unternehmen anzumelden. Dieses Versäumnis holt sie im Juni 2010 nach.

Maßgeblich für den Beginn der Tätigkeit ist das erste Auftreten nach außen, in diesem Fall mit der Anmietung der Internet-Flatrate und dem Kauf des Laptops im Januar 2010. Entsprechend könnte Frau Grau bereits hier die Vorsteuern aus den einzelnen Rechnungen vom Finanzamt erstattet bekommen. Der Tag der Gewerbeanmeldung im Monat Juni 2010 ist für die Beurteilung umsatzsteuerrechtlich unbeachtlich.

Das Finanzamt wird die Aufwendungen für die Vorbereitungshandlungen nur anerkennen, wenn der Unternehmer die Ernsthaftigkeit seiner Tätigkeit nachweist. Es muss erkennbar sein, dass die Aufwendungen tatsächlich für eine geplante Tätigkeit entstanden sind. Als Nachweis wird in der Regel die Gewerbeanmeldung anerkannt. Liegt diese nicht vor, können auch eigene Werbungen oder Zeitungsinserate die Absicht nachweisen.

Regelbesteuerung oder Kleinunternehmer?

Wer umsatzsteuerrechtlich Unternehmer ist, muss grundsätzlich alle Umsätze der Umsatzbesteuerung unterwerfen. Man spricht hier von der Regelbesteuerung. In diesem Fall hängt die Besteuerung im Wesentlichen nur noch davon ab, ob die Lieferung oder Leistung in Deutschland erbracht wurde und diese nicht von der Umsatzsteuer befreit ist.

Neben der Regelbesteuerung besteht die Möglichkeit, sich als umsatzsteuerrechtlicher Kleinunternehmer (§ 19 UStG) behandeln zu lassen. In diesem Fall bleibt man zwar Unternehmer, muss aber keine Umsatzsteuern an das Finanzamt abführen.

Bezüglich der Kleinunternehmerregelung besteht ein Wahlrecht darüber, ob die Regelung Anwendung findet oder nicht. Diese Regelung bietet sowohl dem Unternehmer als auch dem Finanzamt Vorteile (Letzteres ist aber hier weniger von Bedeutung). Unternehmer, die umsatzsteuerrechtlich Kleinunternehmer sind, können sich Arbeit bei der Erstellung der Umsatzsteuervoranmeldung sparen und verpassen keine Fristen. Weiterhin können etwaige Steuerberaterkosten gespart werden.

> **Praxis-Tipp:**
> Bei der Unternehmensgründung sollte genau geprüft werden, ob die Kleinunternehmerregelung angewendet werden soll. Maßgeblich ist der erwartete Umsatz.

Kleinunternehmerregelung

Aus verwaltungsökonomischen Gründen beinhaltet das UStG eine Kleinunternehmerregelung. Diese spart beiden Seiten, dem Finanzamt und dem Unternehmer, die regelmäßige Abgabe von Umsatzsteuervoranmeldungen. Die Anwendung dieser Regelung ist beim zuständigen Finanzamt zu beantragen. In der Regel geschieht das mit dem sogenannten Betriebsanmeldebogen, der dem Steuerpflichtigen nach der Anmeldung des Unternehmens vom Finanzamt zugeht. Sollte dies nicht der Fall sein, kann dieser Antrag nachgeholt werden.

Maßgebliche Grenze

Umsatzsteuerlicher Kleinunternehmer ist derjenige, dessen Jahresumsatz im Jahr der Eröffnung voraussichtlich 17.500 EUR nicht übersteigt. Bemessungsgrundlage ist hier der Bruttoerlös. In die Bemessungsgrundlage fließt der gesamte Umsatz ein. Zum Gesamtumsatz gehören alle steuerpflichtigen Umsätze, das heißt, auch die Umsätze nach § 13b UStG, wenn der Leistungsempfänger die Umsatzsteuer schuldet.

Im Jahr der Eröffnung oder Beginn der Tätigkeit ist die Grenze von 17.500 EUR maßgeblich. Doch nur selten beginnen Unternehmen am 01.01., sondern im Verlauf eines Kalenderjahres. Zur Berechnung der Grenze sind die Umsätze auf das gesamte Kalenderjahr hochzurechnen. Wird die Umsatzgrenze weiterhin unterschritten, kann die Kleinunternehmerregelung in Anspruch genommen werden.

Beispiel:

Die Jungunternehmer Klara Klein und Fritz Meyer gründen jeweils im Juni 2010 einen Versandhandel im Internet. Frau Klein geht aufgrund ihres Warensortiments davon aus, dass sie monatlich einen Bruttoumsatz von 1.000 EUR erzielen kann, Herr Meyer erwartet einen monatlichen Bruttoerlös von 2.000 EUR pro Kalendermonat.

Im Zeitraum Juni bis Dezember 2010 käme Frau Klein auf einen Bruttoumsatz von 7.000 EUR, Herrn Meyer auf 14.000 EUR. Danach würden zunächst beide Unternehmer die maßgebliche Grenze unterschreiten. Da aber verlangt wird, dass der Umsatz auf das gesamte Kalenderjahr hochzurechnen ist, muss der Umsatz für zwölf Monate geschätzt werden.

Frau Klein kommt dann auf einen maßgeblichen Bruttoumsatz in Höhe von 12.000 EUR. Herr Meyer hat demnach einen Bruttoumsatz in Höhe von 24.000 EUR und überschreitet die maßgebliche Grenze von 17.500 EUR.

Im Ergebnis kann somit nur Frau Klein die Kleinunternehmerregelung in Anspruch nehmen. Herr Meyer muss seine Umsätze sofort versteuern.

Der Gesetzgeber ist sich darüber im Klaren, dass eine Umsatzschätzung nicht immer stimmen kann. Daher hat eine falsche Schätzung keine Konsequenzen. Wurde der Bruttoumsatz im Jahr der Eröffnung oder dem Beginn der Tätigkeit zu niedrig eingeschätzt, entfaltet dies keine negative Wirkung. In diesem Fall gilt der Unternehmer im Jahr der Eröffnung als umsatzsteuerlicher Kleinunternehmer. Im darauffolgenden Kalenderjahr muss er seine Umsätze allerdings versteuern.

Beispiel:

Frau Klein hat eine Marktlücke gefunden und am Ende des Kalenderjahres einen Bruttoumsatz von 25.000 EUR erzielt. Das Finanzamt hatte ihr aufgrund ihrer Berechnungen (vgl. Beispiel Seite 131) die Anwendung der Kleinunternehmerregelung genehmigt.

Obwohl die maßgebliche Grenze von 17.500 EUR überschritten ist, ergeben sich keine nachträglichen Folgen für Frau Klein. Ab Januar 2011 wird sie dann als umsatzsteuerpflichtige Unternehmerin behandelt. Entsprechend müssen die Umsätze monatlich beim Finanzamt angemeldet werden (vgl. Abgabezeiträume Umsatzsteuer, Seite 189).

Entfallen der Kleinunternehmerregelung

Abgesehen davon, dass die Kleinunternehmerregelung aufgrund einer Fehleinschätzung direkt im Folgejahr nach der Gründung des Unternehmens nicht mehr herangezogen werden kann, kann natürlich auch durch ein späteres Überschreiten die Anwendung der Kleinunternehmerregelung entfallen. Dazu muss der Unternehmer seine Umsätze immer im Januar (Ausnahme: Gründungsjahr) beurteilen. Die Kleinunternehmerschaft kann nur fortgeführt werden, wenn der Umsatz im Vorjahr 17.500 EUR nicht überstiegen hat und im laufenden Kalenderjahr 50.000 EUR nicht übersteigen wird. Während es sich bei der Grenze des Vorjahres um einen tatsächlichen Umsatz handelt, weil er bereits getätigt wurde, muss der Bruttoumsatz für das laufende Kalenderjahr wieder im Wege der Eigenschätzung ermittelt werden.

Beispiel:

Katharina Kaufmann eröffnete im Oktober 2010 einen Internethandel. Aufgrund ihrer Umsatzschätzung hatte sie die Kleinunternehmerregelung beantragt, die vom Finanzamt auch genehmigt wurde. Im Januar 2011 prüft sie die Umsätze des Jahres 2010 und stellt fest, dass sie einen Umsatz in Höhe von 5.000 EUR erzielt hat. Für das Kalenderjahr 2011 schätzt sie einen Umsatz in Höhe von 30.000 EUR.

In diesem Fall kann sie auch für 2011 die Kleinunternehmerregelung anwenden. 2010 blieb sie tatsächlich unter der maßgeblichen Grenze von 17.500 EUR, im Jahr 2011 wird sie die voraussichtliche Grenze von 50.000 EUR nicht überschreiten.

Wandeln wir das Beispiel dahingehend ab, dass Frau Kaufmann im Jahr 2010 einen tatsächlichen Umsatz in Höhe von 20.000 EUR erzielt hat, so kann sie ab Januar 2011 nicht mehr als Kleinunternehmer behandelt werden. Die maßgebliche Vorjahresgrenze von 17.500 EUR ist überschritten. Es ist jetzt unerheblich, dass sie 2011 voraussichtlich nur einen Umsatz von 30.000 EUR erzielen wird.

Schätzt Frau Kaufmann für das Kalenderjahr 2011 einen Umsatz, der die 50.000-EUR-Grenze überschreitet, kann sie im Januar 2011 die Kleinunternehmerregelung ebenfalls nicht mehr anwenden.

Für die Schätzung der maßgeblichen Grenze von 50.000 EUR gilt ebenfalls, dass ein Verschätzen keine negativen Folgen hat. Die Folgerungen daraus sind immer für das nächste Kalenderjahr zu ziehen.

Umsatzsteuerliche Folgen der Besteuerung als Kleinunternehmer

Sobald die Kleinunternehmerregelung beantragt und anschließend genehmigt wurde, dürfen keine Umsatzsteuerbeträge mehr in Rechnung gestellt werden. Das bedeutet, dass nur der Bruttobetrag offen in einer Rechnung ausgewiesen werden darf. Wer trotzdem die Umsatzsteuer auf den Nettobetrag ausweist, schuldet dem Finanzamt die ausgewiesene Umsatzsteuer.

Da keine Umsatzsteuer ausgewiesen wird, sind auch im Sinne dieser Vorschrift keine Umsatzsteuervoranmeldungen beim Finanzamt vorzulegen. Aufgrund der umsatzsteuerlichen Nichtversteuerung der Umsätze entfällt natürlich auch der Vorsteuerabzug aus Eingangsrechnungen.

Weiterhin ist es dem Kleinunternehmer nicht möglich, eine steuerfreie innergemeinschaftliche Lieferung durchzuführen oder auf eine umsatzsteuerliche Steuerbefreiung zu verzichten.

Rechtsstellung als Kleinunternehmer

Wie bereits erwähnt, darf der Kleinunternehmer in einer Rechnung keine Umsatzsteuerbeträge ausweisen. Weiterhin ist auch keine Umsatzsteuer-Identifikationsnummer anzugeben. Auf die Anwendung der Kleinunternehmerregelung muss in einer Rechnung nicht gesondert hingewiesen werden, sollte aber aus praktischen Gründen dennoch erfolgen, um Rückfragen von Kunden zu vermeiden.

Musterformulierung:

Ich bin Kleinunternehmer im Sinne des § 19 UStG.

Ansonsten muss die Rechnung alle weiteren Formvorschriften für Rechnungen erfüllen (vgl. Seite 71).

Verzicht auf die Anwendung

Die Anwendung der Kleinunternehmerregelung ist keine Pflicht, sondern unterliegt dem Wahlrecht. Wer allerdings darauf verzichtet, bindet sich die nächsten fünf Jahre an die Umsatzbesteuerung der Lieferungen oder Dienstleistungen. Der Verzicht wird wirksam, wenn die entsprechende Umsatzsteuerjahreserklärung unanfechtbar geworden ist.

Wichtig: Eine nachträgliche Option auf die Anwendung der Kleinunternehmerschaft kann Probleme mit sich bringen. Hat der Unternehmer Rechnungen mit Umsatzsteuerausweis erstellt, haftet er für diese Steuer solange, bis sichergestellt ist, dass die Kunden keinen Vorsteuerabzug beansprucht haben oder beanspruchte Vorsteuerbeträge von den Kunden an das Finanzamt zurückgezahlt worden sind.

Ein Verzicht auf die Anwendung der Besteuerung als Kleinunternehmer kann aber auch sinnvoll sein. Will man sich etwa Anlagevermögen anschaffen, ist der Vorsteuerabzug möglich. Das Paradebeispiel ist natürlich immer der gewerblich genutzte Pkw.

Regelbesteuerung

Kann oder soll die Kleinunternehmerregelung nicht angewendet werden, müssen die Umsätze der Umsatzbesteuerung unterworfen werden. Im Folgenden werden bezogen auf einen Online-Shop, in dem ausschließlich Waren gehandelt werden, nachfolgende Punkte genauer betrachtet:

- Soll- oder Istversteuerung
- Warenverkehr in Deutschland
- Warenverkehr mit EU-Staaten
- Warenverkehr mit dem umsatzsteuerlichen Drittland
- Vorsteuerabzug
- Besteuerungsverfahren

Soll- oder Istversteuerung?

Das UStG verlangt dem Unternehmer, vor allem dem Existenzgründer, eine Entscheidung bezüglich der Art der Besteuerung ab. Es handelt sich hierbei um ein Wahlrecht bezüglich der Anwendung der Soll- oder Istversteuerung.

Die Sollversteuerung oder die sogenannte Regelversteuerung besagt, dass Umsätze in dem Zeitpunkt zu versteuern sind, in dem die Umsätze erbracht worden sind, das heißt, in dem Zeitpunkt, zu dem die Lieferung an den Kunden erbracht worden ist. Auf die Rechnungsstellung oder Zahlung kommt es nicht an. Aus diesem Grund spricht man auch von der Versteuerung nach vereinbarten Entgelten.

Bei der Istversteuerung dagegen erfolgt die Umsatzversteuerung in dem Zeitpunkt, in dem der Kunde die Rechnung begleicht. Auf eine Rechnungsstellung kommt es hier allerdings auch nicht an.

Bei beiden Besteuerungsarten ist das Vorliegen einer Rechnung nicht Voraussetzung, was aber nicht bedeutet, dass sie nicht notwendig ist.

Beispiel:

Die Online-Händlerin Emma Fix veräußert am 14.10.2010 eine Stereoanlage zum Preis von 200 EUR zzgl. 36 EUR Umsatzsteuer an den Kunden Horst Naumann. Horst Naumann bezahlt die Waren am 05.11.2010.

Besteuert Frau Fix nach den Regeln der Sollversteuerung, muss sie im Oktober 36 EUR versteuern und entsprechend an das Finanzamt abführen. Wird die Istversteuerung angewandt, muss Frau Fix die 36 EUR erst im Monat November an das Finanzamt abführen, da sie erst dann das Geld von ihrem Kunden vereinnahmt hat.

Die Istversteuerung hat somit gegenüber der Sollversteuerung einen erheblichen Vorteil, da der Unternehmer die Umsatzsteuer erst dann an das Finanzamt abführen muss, wenn er das Geld tatsächlich in Händen hält. Bei der Sollversteuerung muss er grundsätzlich in Vorkasse treten, wenn der Kunde nicht sofort bezahlt oder die Lieferung und Zahlung in verschiedene Monate fallen.

Praxis-Tipp:

Existenzgründer sollten gleich zu Beginn die Istversteuerung (Versteuerung nach vereinnahmten Entgelten) gemäß § 20 UStG beantragen, um keine Vorableistungen tätigen zu müssen.

Zahlungsprobleme kommen im Zusammenhang mit Online-Shops nur zustande, wenn besondere Zahlungsziele vereinbart worden sind. Wer seinen Handel über eine Internetauktionsplattform betreibt, wird in der Regel die Waren erst versenden, wenn das Geld auf dem Konto eintrifft.

Anzahlungen

Werden für eine Lieferung Anzahlungen vereinbart, das heißt, Gelder vor Ausführung der Lieferung vereinnahmt, sind diese Anzahlungen grundsätzlich nach den Regeln der Istversteuerung zu versteuern.

Beispiel:

Online-Händlerin Frieda Fix erhält einen größeren Auftrag. Zu ihrer Sicherheit verlangt sie von ihrem Kunden eine Anzahlung in Höhe von 1.000 EUR zzgl. 190 EUR Umsatzsteuer. Die angeforderte Anzahlung wird am 10.10.2010 auf das Konto von Frau

Fix eingezahlt. Die Lieferung erfolgt am 20.11.2010. Frau Fix versteuert ihre Umsätze nach vereinbarten Entgelten.

Die Anzahlungsbesteuerung erfolgt nach den Regeln der Istversteuerung. Demzufolge sind die 190 EUR an Umsatzsteuern im Monat Oktober dem Finanzamt zu melden und abzuführen. Der Zeitpunkt der Lieferung spielt keine Rolle.

Anzahlungen eines Kunden sind in der Schlussrechnung aufzuführen. Dabei ist darauf zu achten, den Anzahlungsbetrag nicht nur in der Gesamtsumme darzustellen, sondern auch den Steuerbetrag, Steuersatz und den Tag der Anzahlung aufzuführen. Ist dies nicht der Fall, kann das Finanzamt verlangen, dass der in der Schlussrechnung ausgewiesene Steuerbetrag an das Finanzamt abgeführt wird.

Beispiel:

Frau Fix erstellt am 20.11.2010 folgende Schlussrechnung:

Rechnung

Waren	3.000 EUR
Umsatzsteuer 19 %	570 EUR
Rechnungssumme	3.570 EUR

Geleistete Anzahlungen

	Gesamt	Entgelt	Umsatzsteuer
10.10.2010	1.190 EUR	1.000 EUR	190 EUR

Vergisst oder unterlässt Frau Fix den Hinweis auf die Anzahlung, wird das Finanzamt diese Rechnung beanstanden und Frau Fix nochmals die 190 EUR aus der Anzahlung bis zu Berichtigung der Rechnung abverlangen.

Wichtig: Zwar können Anzahlungen in der Schlussrechnung auch anders dargestellt werden – doch sie müssen immer dargestellt werden.

8

Istversteuerung: Voraussetzungen für die Anwendung
■ Der Unternehmer stellt einen Antrag auf Istversteuerung oder ■ Der Gesamtumsatz darf im vorangegangenen Kalenderjahr nicht mehr als 125.000 EUR betragen oder ■ Der Unternehmer ist von der Verpflichtung, Bücher zu führen, befreit oder ■ Der Unternehmer ist Angehöriger eines freien Berufes im Sinne des § 18 Abs. 1 Nr. 1 EStG

Antrag auf Genehmigung der Istversteuerung

Existenzgründer können diesen Antrag im Rahmen der Betriebsanmeldung beim Finanzamt stellen. In den meisten Bundesländern versendet das Finanzamt einen Fragebogen zur Betriebseröffnung. Auf diesem Fragebogen kann man sich für die Istversteuerung per Kreuz entscheiden. Dieses Kreuz wird als Antrag angesehen. In der Regel erhält man ein Genehmigungsschreiben. Bleibt diese Antwort aus, ist grundsätzlich davon auszugehen, dass der Antrag genehmigt ist.

Für den Betreiber eines Online-Shops findet nach den oben genannten Voraussetzungen die 125.000-EUR-Grenze Anwendung. Diese wird – davon kann man ausgehen – auf einen Existenzgründer zutreffen, da er im Jahr vor der Gründung keinen Umsatz hatte.

Angehörige freier Berufe sind zum Beispiel Steuerberater, Rechtsanwälte, Architekten, Notare, Tierärzte, Dolmetscher und viele mehr. Die Finanzbehörden sind berechtigt, bestimmte Gruppen von der Buchführungs-, Aufzeichnungs- und Aufbewahrungsfrist zu befreien. Dies trifft aber für einen Online-Händler nicht zu und kann daher vernachlässigt werden.

Der Antrag auf die Genehmigung einer Istversteuerung ist an keine besondere Frist gebunden und kann somit jederzeit an das Finanzamt gerichtet werden, wenn die obigen Voraussetzungen vorliegen. Erst wenn die vom Finanzamt durchgeführte Steuerfestsetzung bestands- und rechtskräftig ist, ist keine Änderung mehr möglich.

Vorsicht: Gerade bei rückwirkenden Anträgen ist das Finanzamt nicht verpflichtet, dem Antrag stattzugeben. Die Genehmigung kann nur auf zukünftige Zeiträume erteilt werden. Diese Haltung entspricht auch der Rechtsprechung, da auch hier die Auffassung vertreten wird, dass der Zweck der Vorschrift nur in zukünftigen Zeiträumen seine Erfüllung finden kann. Das soll aber nicht bedeuten, dass ein Antrag im Zusammenhang mit vergangenen Zeiträumen grundsätzlich abgelehnt wird.

Die Genehmigung erlischt automatisch, wenn die Umsatzvoraussetzungen nicht mehr vorliegen. Im Fall des Online-Shops heißt das, dass der Vorjahresumsatz die 125.000-EUR-Grenze überschritten hat.

Wichtig: Bis zum 31.12.2009 galt für die „neuen" Bundesländer eine 500.000-EUR-Grenze.

Gesamtumsatz

Als Gesamtumsatz gelten alle ausgeführten steuerbaren Umsätze, alle Lieferungen und sonstigen Leistungen, die der Unternehmer im Inland gegen Entgelt im Rahmen seines Unternehmens ausführt. Hiervon sind die Umsätze abzuziehen, die nach § 4 Nr. 8 bis Nr. 28 UStG steuerfrei sind. Zu den Umsätzen gehören auch die Anzahlungen vor Erbringung der Lieferung oder sonstigen Leistung. Wurde im Vorjahr bereits die Istversteuerung angewandt, ist der Gesamtumsatz nach den vereinnahmten Entgelten zu ermitteln.

Das Entgelt

Im UStG wird an vielen Stellen vom Entgelt gesprochen. Entgelt ist alles, was ein Leistungsempfänger aufwendet, um die Leistung zu erhalten. Die Umsatzsteuer gehört aber nicht dazu:

	Preis
./.	Umsatzsteuer
=	Entgelt

Werden Lieferungen ins Ausland (innergemeinschaftliche Lieferungen und Drittlandlieferungen) getätigt, bildet der Preis das Entgelt. Die Umsatzsteuer wird hier nicht abgezogen, da der Unternehmer verpflichtet ist, bei Vorliegen der Voraussetzungen eine Nettorechnung zu erstellen.

Die Beschreibung „alles, was ein Leistungsempfänger aufwendet" ist durchaus wörtlich zu nehmen. So zählen neben dem Preis für die Hauptleistung – dem Preis für die Ware – auch die Nebenleistungen dazu. Zu den Nebenleistungen gehören etwa Porto, Transport und

Verpackungskosten. Daraus folgt, dass die Nebenleistung das Schicksal der Hauptleistung teilt. Das heißt, dass die Nebenleistungen mit demselben Steuersatz zu berechnen sind wie die Hauptleistung. Dabei ist es unerheblich, dass der Einkauf der Nebenleistung allein steuerfrei war, etwa bei Briefmarken.

Beispiel:

Die Online-Händlerin Frieda Fix versendet per Post eine bestellte Ware mit einem Nettopreis von 250 EUR an einen Kunden. Die Post berechnet hierfür Porto in Höhe von 5 EUR (umsatzsteuerfrei). Frau Fix belastet den Kunden mit den Portokosten.

Die Rechnung müsste folgenden Inhalt haben:

Ware	250,00 EUR
Porto	5,00 EUR
Entgelt	255,00 EUR
Umsatzsteuer 19 %	48,45 EUR
Rechnungsbetrag	**303,45 EUR**

Das Porto gehört zum Entgelt und wird entsprechend mit 19 Prozent Umsatzsteuer versteuert. Dass das Porto zuvor steuerfrei eingekauft wurde, ist unerheblich.

Aber nicht jeder in Rechnung gestellte Betrag ist auch Entgelt im Sinne des UStG. Kein Entgelt sind:

- durchlaufende Posten
- Zölle und die Einfuhrumsatzsteuer, wenn sie Auslagen eines Spediteurs oder Frachtführers sind
- Preisnachlässe und Rabatte
- Skonto
- Verzugszinsen und Säumniszuschläge
- Schadensersatz

Auch wenn es sich hierbei nicht um Entgelte im umsatzsteuerlichen Sinne handelt, können die oben aufgeführten Aufwendungen eine Betriebsausgabe sein.

Warenverkehr im Inland

Lieferungen

Eine Lieferung nach dem UStG liegt vor, wenn ein Verkäufer einem Käufer die Verfügungsmacht an einem Gegenstand verschafft. Gegenstände sind alle körperlichen Sachen (§ 90 BGB); dazu gehören auch Tiere (§ 90a BGB). Die Verfügungsmacht ist verschafft, wenn der Kunde (Leistungsempfänger) über die wirtschaftliche Substanz, Wert und Ertrag eines Gegenstands endgültig verfügen kann. Dies liegt bei Warenlieferungen in der Regel spätestens vor, wenn der Kunde die Waren in Händen hält.

In der Umsatzsteuer wird die Steuerbarkeit einer Lieferung grundsätzlich nach dem Ort der Lieferung beurteilt. So ist es von entscheidender Bedeutung, ob dieser im Inland oder Ausland liegt. Wird beispielsweise festgestellt, dass der Ort der Lieferung sich im Ausland befindet, ist die Lieferung im Inland nicht steuerbar. Von wo aus die Ware bezahlt wird, ist für die Beurteilung unerheblich.

Maßgeblich für die Beantwortung der Frage nach dem Ort der Lieferung ist grundsätzlich die Art und Weise, wie die Ware an den Abnehmer, sprich Kunden, gelangt. Ausnahmen hierzu gibt es bei Lieferungen in ein Drittland oder in Länder der Europäischen Union (vgl. Seiten 157 und 172).

Grundsätzlich wird im UStG zwischen der beweglichen und unbeweglichen Lieferung unterschieden. Die „bewegliche Lieferung" bezeichnet den Weg, wie und durch wen die Ware zum Kunden gelangt, die „unbewegte Lieferung" beschreibt eine fiktive Lieferung hin zur Verschaffung der Verfügungsmacht.

Je nach Aufbau des Online-Shops kann die Ware zum Kunden gelangen durch eine:

- Beförderungslieferung
- Versendungslieferung
- Abhollieferung

Diese Arten der Lieferung gehören grundsätzlich zu den bewegten Lieferungen. Nach dem UStG bestimmt sich der Ort danach, wo die Lieferung der Ware beginnt.

Eine Beförderungslieferung liegt vor, wenn die Ware vom Verkäufer mit einem eigenen Fahrzeug und eigenem Personal zum Kunden gebracht wird.

Lässt der Verkäufer die Ware durch einen fremden Dritten zum Kunden transportieren, spricht man von einer Versendungslieferung.

Holt der Kunde die Ware selbst ab, ob persönlich oder durch einen von ihm beauftragten Dritten, liegt eine Abhollieferung vor.

Beispiel:

Die Online-Händlerin Emma Wilke hat im Internet drei Fernseher zum Verkauf angeboten. Der Online-Handel wird von Essen aus betrieben. Dort befinden sich auch die Geräte. Die Geräte wurden schnell verkauft und wie folgt an die Kunden ausgeliefert:

- Der erste Fernseher ging direkt in die Nachbarschaft. Frau Wilke entschloss sich, den Fernseher mit ihrem eigenen Pkw auszuliefern.
  Es liegt eine Beförderungslieferung vor, da Frau Wilke die Lieferung an den Kunden mit eigenen Mitteln durchführt. Der Ort der Lieferung ist Essen, da sich die Ware dort zu Beginn der Lieferung befindet.
- Der zweite Fernseher wurde von einem Kunden in Aachen gekauft. Laut Vereinbarung beauftragt Frau Wilke ein Postunternehmen mit der Auslieferung des Fernsehers.
  Da Frau Wilke eine Fremdfirma mit dem Transport der Ware beauftragt, liegt eine Versendungslieferung vor. Der Ort der Lieferung ist Essen, da sich die Ware im Zeitpunkt der Übergabe an den Transporteur (Beginn der Beförderung) dort befindet.
- Das dritte Gerät wird nach Vereinbarung zwei Tage nach dem Verkauf von einer Kundin aus Bochum bei Frau Wilke abgeholt.
  Bei dieser Variante liegt eine Abhollieferung vor, da der Kunde die Ware selbst befördert. Auch hier ist der Ort der Lieferung Essen, weil hier die Beförderung beginnt.

Alle drei Lieferungen sind in Deutschland steuerbar.

Der Ort der unbewegten Lieferung bestimmt sich danach, wo die Verfügungsmacht an den Kunden verschafft wird. Diese Art der Ortsbestimmung kommt in der Regel immer dann vor, wenn der

Gegenstand weder durch den Verkäufer noch durch den Kunden befördert oder versendet wird, oder mehrere Personen nacheinander über denselben Gegenstand ein Geschäft abschließen. Dies kann bei folgenden Lieferungen der Fall sein:

- Reihengeschäft
- Lieferung durch die Übergabe von handelsrechtlichen Traditionspapieren (z. B. Lagerschein)
- Lieferung eines Grundstücks

Im Rahmen eines Online-Shops kommen die unbeweglichen Lieferungen in Form der Herausgabe von Rechten oder die Lieferungen von Grundstücken wohl weniger bis gar nicht vor; insbesondere nicht in der Existenzgründungsphase, mit der sich dieser Fachratgeber in der Hauptsache beschäftigt. Anders möglicherweise bei den Reihengeschäften.

Reihengeschäfte

Ein Reihengeschäft liegt vor, wenn mindestens drei Beteiligte über denselben Gegenstand eine Lieferung vereinbaren. Entscheidend ist dabei, dass der Gegenstand der Lieferung vom Ersten in der Reihe direkt zum Letzten in der Reihe geliefert wird.

Ablauf eines Reihengeschäftes

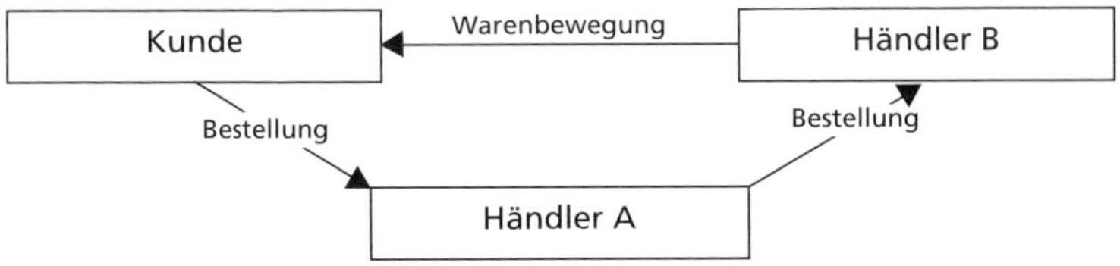

Die Besonderheit an einem Reihengeschäft ist, dass grundsätzlich immer mehrere Lieferungen vorliegen. Betrachtet man das obige Schaubild, liegen zwei Lieferungen vor, obwohl nur eine Warenbewegung vorliegt. Die Anzahl der Lieferungen ergibt sich aus den Geschäftsbeziehungen. Der Kunde hat mit Händler A einen Vertrag geschlossen, Händler A hat dies mit Händler B getan. In einem Reihengeschäft kann immer nur eine Lieferung die bewegte Lieferung sein. Alle anderen Lieferungen sind unbewegte Lieferungen. Ort der unbewegten Lieferung ist immer dort, wo die Beförderung oder Versendung endet. Bei der unbewegten Lieferung ist die Bestimmung des Orts der Lieferung davon abhängig, ob diese vor der bewegten Lieferung vorangeht oder nach der bewegten Lieferung folgt. Es gilt hier das Folgende:

- Geht die unbewegte Lieferung der bewegten Lieferung voraus, bestimmt sich der Ort nach dem Beginn der Beförderung oder Versendung.
- Folgt die unbewegte Lieferung der bewegten Lieferung nach, bestimmt sich der Ort nach dem Ende der Beförderung oder Versendung.

Die bewegte Lieferung wird immer von demjenigen erbracht, der den Gegenstand zum ersten Kunden verbringt.

Beispiel:

Der Kunde Dieter Klein aus Duisburg bestellt beim Online-Händler Franz Meyer aus Gelsenkirchen einen Satz Fußballtrikots. Da Herr Klein die Trikots dringend braucht, bittet er Herrn Meyer um eine möglichst schnelle Lieferung. Herr Meyer hat die Fußballtrikots nicht auf Lager und bestellt den Satz beim in Bochum ansässigen Großhändler Laguna Sport GmbH. Im Rahmen des Kaufvertrags vereinbart er, dass die Firma Laguna die Fußballtrikots direkt an den Kunden Dieter Klein versendet. Zwei Tage später versendet die Firma Laguna die Fußballtrikots per Postpaket an Herrn Klein.

Es liegt ein Reihengeschäft vor, da drei Beteiligte eine Lieferung über denselben Gegenstand vereinbaren. Dabei wird die Ware vom Letzten in der Reihe an den Ersten geliefert. Umsatzsteuerlich sind zwei Lieferungen zu beurteilen: zum einen die Lieferung der Firma Laguna an den Online-Händler Meyer, zum anderen die Lieferung des Online-Händlers Meyer an den Kunden Dieter Klein.

Die Lieferung der Firma Laguna an den Online-Händler Meyer ist die bewegte Lieferung, da die Ware von der Firma Laguna an den Kunden versendet wird. Ort der Lieferung ist Bochum, da die Beförderung dort beginnt. Die Lieferung zwischen dem Online-Händler Meyer und dem Kunden Dieter Klein ist die unbewegte Lieferung, da hier keine tatsächliche Warenbewegung stattfindet und eine bewegte Lieferung dieser Lieferung vorausgeht. Ort der unbewegten Lieferung ist Duisburg, da die Beförderung dort endet.

Abwandlung:

Online-Händler Meyer holt die Ware bei der Firma Laguna in Bochum ab und bringt sie selbst zum Kunden nach Duisburg.

In diesem Fall ist die Lieferung des Online-Händlers an den Kunden Dieter Klein die bewegte Lieferung. Ort der Lieferung ist Bochum, da sich die Ware zu Beginn der Beförderung dort befand. Die Lieferung zwischen dem Online-Händler Meyer und der Firma Laguna ist die unbewegte Lieferung, da die Ware von Herrn Meyer abgeholt wurde. Da die unbewegte Lieferung der bewegten Lieferung vorangeht, bestimmt sich der Ort nach dem Beginn der Beförderung oder Versendung. Demzufolge ist dies auch Bochum.

Solange die Lieferungen innerhalb der Bundesrepublik Deutschland vorgenommen werden, fallen die Regelungen über ein Reihengeschäft nicht ins Gewicht. Grund dafür ist, dass alle Lieferungen in Deutschland besteuert werden. Anders gilt, wenn die Waren aus dem Ausland kommen oder ins Ausland geliefert werden (vgl. Warenverkehr in EU-Länder, Seite 157 bzw. Warenverkehr ins Drittland, Seite 172).

Kommissionsgeschäfte

Veräußert eine Person im eigenen Namen gewerbsmäßig für einen Fremden Waren auf dessen Rechnung und erhält für die Veräußerung eine Provision, besteht ein Kommissionsgeschäft (§ 3 Abs. 3 UStG). Die handelnden Personen eines Kommissionsgeschäfts werden als Kommissionär und Kommittent bezeichnet.

Der Kommissionär ist die Person, die die Ware dem Kunden anbietet. Der Kommittent ist die Person, für die Vermittlung vorgenommen wird. Je nachdem, wie der Auftrag des Kommissionärs gestaltet ist, kann es sich entweder um eine Einkaufskommission oder eine Verkaufskommission handeln.

Eine Einkaufskommission liegt vor, wenn der Kommissionär vom Kommittenten beauftragt wird, Waren für ihn einzukaufen, eine Verkaufskommission, wenn der Kommittent einen Verkaufsauftrag erteilt. Wird eine Ware durch den Kommissionär eingekauft oder verkauft, liegen immer zwei Lieferungen vor. Bei der Verkaufskommission liefern der Kommittent an den Kommissionär und der Kommissionär an den Dritten. Bei der Einkaufskommission ist dies entsprechend umgekehrt.

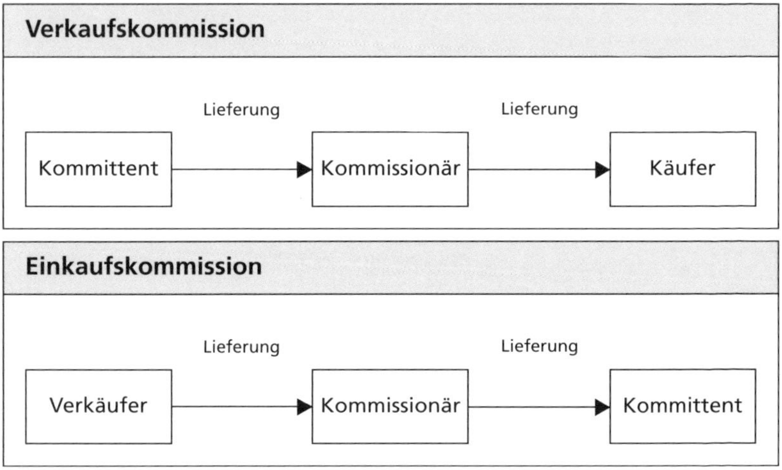

Verkaufskommission

Wird im Rahmen einer Verkaufskommission die Ware veräußert, hat der Kommissionär in der Regel zwei Rechnungen zu erstellen: Eine Rechnung für die Lieferung an den Kunden und eine Abrechnung (Gutschrift) für die Lieferung des Kommittenten an den Kommissionär. Je nachdem, ob es sich um eine Verkaufs- oder Einkaufskommission handelt, sind sich hieraus ergebende Umsätze zu versteuern. Gleichzeitig hat der Kommissionär aber einen Anspruch auf den Vorsteuerabzug, da er Leistender und Leistungsempfänger gleichzeitig ist.

Das Entgelt für die Lieferung des Kommittenten an den Kommissionär ergibt sich aus dem Erlös des Kommissionärs beim Kunden abzüglich seiner eigenen Aufwendungen und der vereinbarten Provision für den Verkauf. Aus der Sicht des Kommissionärs sind folgende Rechnungen und Abrechnungen (Gutschriften) zu erstellen:

Rechnungen und Abrechnungen des Kommissionärs			
Rechnungen an den Kunden		**Abrechnung mit den Kommittenten**	
	Nettokaufpreis		Verkaufspreis
+	Umsatzsteuer	./.	Aufwendungen
		./.	Provision
=	Verkaufspreis		
		=	Bruttoentgelt
		./.	darin enthaltene Umsatzsteuer
		=	Nettoentgelt
Umsatzsteuer ist an das Finanzamt abzuführen		Umsatzsteuer ist als Vorsteuer abzugsfähig (Erstattung vom Finanzamt)	

Beispiel:

Die Online-Händlerin Claudia Kurz hat mit dem Sportartikelgroßhändler Horst Hansen einen Kommissionsvertrag gemäß § 383 HGB geschlossen. Sie tritt als Verkaufskommissionärin auf und erhält pro Verkauf eine Provision in Höhe von 10 Prozent des Verkaufserlöses. Im Januar verkauft sie an einen Kunden einen Trikotsatz für 1.000 EUR zzgl. 190 EUR Umsatzsteuer.

Zum Zeitpunkt des Verkaufs liegen zwei Lieferungen vor. Der Kommissionär liefert an den Kunden und, eine juristische Sekunde zuvor, der Kommittent an den Kommissionär.

Umsatz gegenüber Kunde:

Nettoumsatz	1.000 EUR
Umsatzsteuer 19 %	190 EUR
Bruttoumsatz	1.190 EUR

Abrechnung gegenüber Kommittent:

Verkaufserlös	1.190 EUR
./. 10 % Provision	119 EUR
Bruttoentgelt	1.071 EUR
./. darin enthaltene Umsatzsteuer 19 %	171 EUR
Nettoentgelt	**900 EUR**

8

> Die Umsatzsteuer in Höhe von 171 EUR kann Frau Kurz als Vorsteuer beim Finanzamt geltend machen, da es sich bei der Lieferung des Kommittenten an sie um einen Wareneinkauf handelt. Geht man mal davon aus, dass nur dieses eine Geschäft durchgeführt wurde, muss Frau Kurz an das Finanzamt folgenden Betrag abführen:
>
> | | |
> |---|---|
> | Umsatzsteuer aus Verkauf | 190 EUR |
> | ./. Vorsteuer aus Einkauf | 171 EUR |
> | **Zahllast an das Finanzamt** | **19 EUR** |
>
> Die 19 EUR stellen genau den Umsatzsteuerbetrag dar, der sich allein aus der Provision ergibt. Dies ist in der Abrechnung als Bruttobetrag (119 EUR) enthalten. Demzufolge wird Frau Kurz eigentlich nur mit der Umsatzsteuer aus den Provisionen selbst belastet.

Einkaufskommission

8

Handelt es sich um eine Einkaufskommission, bildet das Entgelt alles das, was der Kommittent aufwenden muss, um den Gegenstand vom Kommissionär zu erhalten. Das Entgelt des Kommissionärs berechnet sich in diesen Fällen wie folgt:

	Kaufpreis der Ware (brutto)
+	Provision des Kommissionärs
+	sonstige Aufwendungen des Kommissionärs
=	Bruttoentgelt
./.	darin enthaltene Umsatzsteuer 19 %
=	Nettoumsatz

Die Einkaufskommission findet nur selten im Zusammenhang mit einem Online-Shop statt, da dort in der Regel Waren an Dritte veräußert werden.

Wie erwähnt, liegen zum Zeitpunkt des Verkaufs der Waren zwei Lieferungen vor. Der Zeitpunkt für beide Lieferungen ist grundsätzlich identisch. Wird die Ware an den Käufer geliefert, erfolgt eine logische Sekunde zuvor die Lieferung durch den Kommittenten an den Kommissionär. Dabei ist es unerheblich, ob sich die Ware beim Kommittenten oder Kommissionär befindet. Für den Vorsteuerabzug bedeutet es, dass dieser auch erst möglich ist, wenn die Ware an den Käufer geliefert worden ist (vgl. Voraussetzungen für den Vorsteuerabzug, Seite 183).

Der Ort der Lieferung bei einem Kommissionsgeschäft bestimmt sich bei einer Verkaufskommission nach den Regelungen einer bewegten und unbewegten Lieferung (vgl. Seite 143). Die Lieferung des Kommissionärs an den Kunden ist in der Regel die bewegte Lieferung. Anders als bei einem Reihengeschäft gilt dies auch dann, wenn der Kommittent die Waren zum Kunden befördert. Die Lieferung des Kommittenten an den Kommissionär ist demnach immer eine unbewegte Lieferung.

Der Ort der bewegten Lieferung bestimmt sich immer nach dem Ort, wo die Ware sich zu Beginn der Beförderung und Versendung befindet. Für die unbewegte Lieferung bestimmt sich der Ort ebenfalls danach, wo sich die Ware zu Beginn der Beförderung oder Versendung befindet.

Der Ort der Lieferungen ist aber im Zusammenhang mit Drittlands- und innergemeinschaftlichen Lieferungen verschiebbar (vgl. Seite 157, 172).

Geht das Kommissionsgut vor dem Verkauf unter, das heißt, es kann nicht mehr veräußert werden, liegt kein steuerbarer Umsatz vor. Versicherungserstattungen oder andere Zahlungen gelten dann als echter Schadensersatz. Dieser ist umsatzsteuerlich nicht steuerbar.

Differenzbesteuerung (§ 25a UStG)

Kauft man Waren von Privatleuten an, erhält man von diesen Personen grundsätzlich keine Rechnung mit offenem Steuerausweis, da Privatpersonen nicht berechtigt sind, die Umsatzsteuern offen auszuweisen. Demzufolge gibt es bei diesem Wareneinkauf keinen Vorsteuerabzug. Verkauft man die Ware nun, muss grundsätzlich auf den ermittelten Nettopreis die Umsatzsteuer berechnet werden. Dies führt gegenüber Händlern, die Waren mit Vorsteuerabzug einkaufen, zu einen erheblichen Nachteil.

Einkauf mit Vorsteuerabzug		Einkauf ohne Vorsteuerabzug	
Wareneinkauf	2.000 EUR		
+ Umsatzsteuer 19 %	380 EUR		
Preis	2.380 EUR	Preis	2.380 EUR
Verkauf			
Warenverkauf	3.000 EUR	Warenverkauf	3.000 EUR
+ Umsatzsteuer 19 %	570 EUR	+ Umsatzsteuer 19 %	570 EUR
Preis	3.570 EUR	Preis	3.570 EUR
Zahllast an das Finanzamt			
Umsatzsteuer 19 %	570 EUR	Umsatzsteuer 19 %	570 EUR
./. Vorsteuer	380 EUR	./. Vorsteuer	0 EUR
Zahllast	190 EUR	Zahllast	570 EUR

8

Aus dieser Vergleichsrechnung geht hervor, dass der Verkauf von Waren, deren Einkauf ohne Vorsteuerabzug erfolgte, zu einer höheren Steuerbelastung gegenüber den Wareneinkauf mit Vorsteuer führt. Dies ist im Handel ein nicht unwesentlicher Nachteil. Diesem Nachteil soll § 25a UStG mit der Differenzbesteuerung entgegenwirken. Mit dieser Regelung wird es ermöglicht, dass bei einem Wareneinkauf ohne Vorsteuerabzug die Umsatzbesteuerung nur für den Differenzbetrag, der sich aus dem Abzug des Wareneinkaufs vom Warenverkauf ergibt, vorgenommen wird.

Auf der Grundlage der obigen Vergleichsrechnung ergäbe sich Folgendes:

Erlös aus Warenverkauf	3.570 EUR
./. Wareneinkauf	2.380 EUR
Differenz	1.190 EUR
darin enthaltene Umsatzsteuer 19 %	190 EUR
Nettoumsatz	**1.000 EUR**

Vergleicht man die sich aus dieser Rechnung ergebende Umsatzsteuer mit der Umsatzsteuer aus dem Wareneinkauf mit Vorsteuerabzug, stellt man fest, dass diese mit jeweils 190 EUR gleich hoch sind. Der Nachteil ist somit ausgeglichen.

Die Anwendung der Differenzbesteuerung ist aber von bestimmten Voraussetzungen abhängig:

Persönliche Voraussetzung

Zunächst einmal muss es sich bei dem Anwender um einen gewerbsmäßigen Wiederverkäufer, das heißt, Händler handeln, der

- mit beweglichen körperlichen Gegenständen handelt oder
- solche in seinem Namen öffentlich versteigert.

Sachliche Voraussetzung

Sind die persönlichen Voraussetzungen erfüllt, müssen bezogen auf den Wareneinkauf folgende Bedingungen erfüllt sein:

- Die Ware wurde von einer Privatperson oder
- von einem Kleinunternehmer (§ 19 UStG) erworben.
- Die eingekaufte Ware unterliegt bereits der Differenzbesteuerung.
- Es handelt sich bei den Waren nicht um Edelsteine oder Edelmetalle.

Edelsteine in diesem Sinne sind insbesondere Diamanten, Rubine, Saphire oder Smaragde, Edelmetalle sind insbesondere Gold, Silber und Platin. Die Erzeugnisse aus Edelsteinen und Edelmetallen, wie beispielsweise Schmuckgegenstände und Schmiedewaren, zählen nicht dazu.

Eine Besonderheit ergibt sich im Zusammenhang mit dem Handel von Kunstgegenständen, Sammlungsstücken und Antiquitäten. Wurden diese Gegenstände vom Wiederverkäufer

- selbst in Deutschland aus dem Ausland eingeführt oder
- die Lieferung an ihn wurde nicht unter Anwendung des § 25a UStG durch einen Wiederverkäufer geliefert,

kann erklärt werden, dass für diese Gegenstände dennoch die Differenzbesteuerung angewandt wird (§ 25a Abs. 2 UStG). Die Erklärung ist mit der ersten Umsatzsteuervoranmeldung beim Finanzamt abzugeben. Der Unternehmer ist anschließend zwei Kalenderjahre an diese gebunden. Nicht-Wiederverkäufer in diesem Sinne sind Privatpersonen oder der Künstler selbst.

Der Zolltarif regelt, was Kunstgegenstände und Sammlungsstücke sind. Grundsätzlich gelten Gegenstände, die mehr als 100 Jahre alt sind, als Antiquitäten, Kunstgegenstände oder Sammlungsstücke.

Marge und Margenbesteuerung

Wie bereits erwähnt, wird bei der Differenzbesteuerung nur die Differenz zwischen dem Einkaufs- und Verkaufspreis der Umsatzsteuer unterworfen. Umgangssprachlich ist hier auch von der Marge und Margenbesteuerung die Rede. Dabei ist der für die Ware maßgebliche Steuersatz anzuwenden. Aus dem errechneten Differenzbetrag ist die Umsatzsteuer abzuziehen.

Beispiel:

Der Online-Händler Holger Neumann kauft eine gebrauchte hochwertige Musikanlage zum Preis von 1.000 EUR vom Privatanbieter Günther Groß. Einige Tage später kauft ein Kunde die Anlage über den Online-Shop des Herrn Neumann. Der Verkaufspreis beträgt 1.300 EUR.

Herr Neumann muss die Marge aus dem Verkauf wie folgt ermitteln:

Warenverkauf	1.300,00 EUR
./. Wareneinkauf	1.000,00 EUR
Bruttomarge	300,00 EUR
./. Umsatzsteuer 19 %	47,89 EUR
Nettomarge	**252,11 EUR**

Die Nettomarge beträgt 252,11 EUR. Herr Neumann muss 47,89 EUR an das Finanzamt abführen.

Eine negative zu besteuernde Marge kann es bei der Umsatzsteuer allerdings nicht geben. Das heißt: Wird der Gegenstand billiger verkauft, als er zuvor eingekauft wurde, erfolgt aus der negativen Differenz keine Kürzung der Umsatzsteuer.

Beispiel:

Herr Neumann verkauft die Musikanlage nur für einen Betrag von 900 EUR an den Kunden.

Berechnung der Marge:

Warenverkauf	900 EUR
./. Wareneinkauf	1.000 EUR
Marge	– 100 EUR

Aufgrund der negativen Marge wird nur ein Verkaufserlös von 900 EUR gebucht. Eine Buchung von Umsatzsteuern erfolgt nicht. Wegen des Abzugs der Betriebsausgaben von den Betriebseinnahmen wird die negative Marge automatisch berücksichtigt.

Aufzeichnungspflichten

Wer die Differenzbesteuerung anwenden will, muss bestimmte Aufzeichnungspflichten in seiner Buchführung erfüllen. Verstößt man gegen diese, ist es möglich, dass das Finanzamt die Anwendung nicht anerkennt und die Erlöse ohne Berücksichtigung der Differenzbesteuerung voll versteuert.

Die Aufzeichnungspflichten gelten als erfüllt, wenn die Buchführung Folgendes enthält:

- Verkaufspreise
- Einkaufspreise

Dazu gehören auch die entsprechenden Einkaufs- und Verkaufsrechnungen. Wird die Differenzbesteuerung auf Antiquitäten, Kunstgegenstände oder Sammlungsstücke angewendet, bestimmt sich der Einkaufspreis zzgl. der Einfuhrumsatzsteuer (§ 25a Abs. 3 Satz 2 UStG). War der Kunstgegenstand beim Einkauf steuerpflichtig (vgl. Seite 151), gehört die Umsatzsteuer zum Einkaufspreis (§ 25a Abs. 3 Satz 3 UStG).

Beispiel:

Der Online-Kunsthändler Bert Becker hat beim Finanzamt einen Antrag auf Anwendung der Differenzbesteuerung gemäß § 25a Abs. 2 UStG gestellt. Bei der Künstlerin Agnes Frud erwirbt er ein Gemälde zum Preis von 17.000 EUR zzgl. 1.190 EUR Umsatzsteuer (7 Prozent). Weiterhin erwirbt er vom Schweizer Künstler Gero Günther ein Gemälde zum Preis von 15.000 EUR. Das Bild muss Herr Becker allerdings aus Genf nach Deutschland einführen. Hierfür werden Einfuhrumsatzsteuern in Höhe von 1.050 EUR an den Zoll fällig.

Herr Becker muss aufgrund seines Antrags folgende Einkaufspreise als Betriebsausgabe gesondert erfassen:

Das Bild von Agnes Frud hat er nicht von einer Wiederverkäuferin, sondern direkt von einer Künstlerin. Entsprechend kann beim Verkauf die Differenzbesteuerung angewandt werden. Der Einkaufspreis setzt sich aus dem Einkaufspreis zzgl. Umsatzsteuer zusammen (§ 25a Abs. 3 UStG). Als Einkaufspreis sind 18.190 EUR zu erfassen.

Das Bild von Gero Günther wurde von Herrn Becker selbst nach Deutschland eingeführt. Der maßgebliche Einkaufspreis setzt sich gemäß § 25a Abs. 3 Satz 2 UStG aus dem Nettopreis und der Einfuhrumsatzsteuer zusammen. Demzufolge hat Herr Becker 16.050 EUR als Berechnungsgrundlage für die Differenzbesteuerung zu erfassen.

Gesamtdifferenz

Grundsätzlich ist jeder Einkaufs- und Verkaufspreis gesondert aufzuzeichnen. Häufig erwerben Unternehmer jedoch viele Gegenstände von geringem Wert, für die die Differenzbesteuerung angewendet werden kann. Jede einzelne Erfassung der Gegenstände würde aber zu einem unverhältnismäßigen Verwaltungsaufwand führen, beispielsweise bei sogenannten Massenartikeln.

Für diese Artikel hat das UStG allerdings eine Lösung. Der Unternehmer darf für Waren, die jede für sich einen Einkaufspreis von unter 500 EUR haben, am Ende des Besteuerungszeitraums eine Gesamtdifferenz bilden. Das bedeutet, dass er diese Waren gesondert im Einkauf und Verkauf aufzeichnet und am Ende des Kalenderjahres eine Gesamtdifferenz bildet.

Beispiel:

Warenverkauf § 25a UStG	20.000 EUR
./. Wareneinkauf unter 500 EUR	17.000 EUR
= Bruttodifferenz	3.000 EUR
./. darin enthaltene Umsatzsteuer 19 %	479 EUR
= Gesamtdifferenz	2.521 EUR

Zur Klarstellung sei erwähnt, dass die Verkaufspreise natürlich die 500-EUR-Grenze überschreiten dürfen.

Erwirbt der Wiederverkäufer mehrere Waren zu einem Gesamteinkaufspreis, ist für jeden Artikel grundsätzlich der Einzelpreis zu ermitteln. Dies kann insoweit unterbleiben, soweit es sich dabei um Waren mit einem Einzelwert von jeweils 500 EUR handelt. Für alle Waren über einem Wert von 500 EUR gilt die Erfassung als Einzelgut. Dies kommt häufig im Zusammenhang mit Ankäufen von Hausratgegenständen vor.

Liegt der Einkaufspreis von mehreren Gegenständen insgesamt unter 500 EUR, kann davon ausgegangen werden, dass alle Werte unter 500 EUR liegen.

Beispiel:

Der Online-Second-Hand-Händler Josef Grau erwirbt von der Familie Klein den Hausrat für 2.000 EUR. Dazu gehören ein hochwertiger Schrank mit einem geschätzten Wert von 700 EUR und ein ebenfalls hochwertiger Schreibtisch im Wert von 850 EUR. Weiterhin befinden sich im Hausrat noch ein Fernseher und jede Menge Geschirr und Bücher.

Herr Grau muss, da der Gesamtkaufpreis über 500 EUR beträgt, zunächst ermitteln, welche Gegenstände nach dem Einzelpreis gebucht werden müssen. Diese Werte sind von dem Gesamteinkaufspreis abzuziehen.

Gesamteinkaufspreis	2.000 EUR
./. Schrank	700 EUR
./. Schreibtisch	850 EUR
	= 450 EUR

Der Schrank und der Schreibtisch müssen nach dem Einzelpreis gebucht werden. Die restlichen Hausratsgegenstände unterschreiten in ihrer Gesamtheit die 500-EUR-Grenze. Demzufolge können sie gesondert zur Berechnung einer Gesamtdifferenz erfasst werden.

8

Wie bereits erwähnt, ist die Gesamtdifferenz für einen gesamten Besteuerungszeitraum zu ermitteln. Bei einem Online-Händler ist das regelmäßig das Kalenderjahr. Salden für das folgende Kalenderjahr sind nicht zulässig. Innerhalb des Kalenderjahres dürfen jedoch über die einzelnen Voranmeldezeiträume Salden gebildet werden. Das ist sogar erforderlich, damit die Umsätze zeitgerecht dem Finanzamt gemeldet werden.

Wird beim Verkauf der Waren die Differenzversteuerung angewandt, darf die Umsatzsteuer für die Marge nicht offen ausgewiesen werden. Dies ist auch aus Sicht des veräußernden Unternehmers ganz nachvollziehbar, da der Käufer der Ware sonst errechnen könnte, welchen Erlös der Verkäufer im Verhältnis zu seinem Einkaufspreis hat. Weiterhin ist in der Rechnung gemäß § 14a Abs. 6 UStG auf die Anwendung der Differenzbesteuerung hinzuweisen.

Musterformulierung:

Die Ware ist gemäß § 25a UStG differenzbesteuert.

Ein Wiederverkäufer kann gemäß § 25a Abs. 8 UStG jederzeit auf die Anwendung der Differenzbesteuerung bei jeder einzelnen Ware verzichten. Ausgenommen hiervon sind die Waren, die nach der Gesamtdifferenz versteuert werden. Hat der Wiederverkäufer Kunstgegenstände erworben, für die er auf den Vorsteuerabzug zugunsten der Anwendung der Differenzbesteuerung verzichtet hat, kann er zum Zeitpunkt des umsatzsteuerpflichtigen Verkaufs dieser Ware den Vorsteuerabzug nachholen.

Beispiel:

Die Wiederverkäuferin Claudia Schmitz hat vom Künstler Herbert Hein im Mai 2010 ein Bild für 1.000 EUR zzgl. 70 EUR Umsatzsteuer erworben. Da sie für den Verkauf die Differenzbesteuerung anwenden will, macht sie die Vorsteuern nicht beim Finanzamt geltend und erfasst das Bild mit einem Einkaufspreis in Höhe von 1.070 EUR. Im Juli 2010 findet sich ein Käufer. Da der Käufer das Bild für sein Unternehmen erwerben will, verlangt er eine Rechnung mit offenem Umsatzsteuerausweis.

Frau Schmitz erstellt folgende Rechnung:

Bild	2.000 EUR
Umsatzsteuer 7 %	140 EUR
Verkaufspreis	2.140 EUR

Der Käufer zahlt bar.

Aufgrund des offenen Steuerausweises hat Frau Schmitz für diese Ware auf die Differenzbesteuerung verzichtet. Dieser Umsatz ist entsprechend im Monat Juli 2010 dem Finanzamt zu melden. Gleichzeitig hat sie aufgrund der nachträglichen Änderung der ursprünglichen Anwendung im Juli 2010 den Anspruch auf die Vorsteuer in Höhe von 70 EUR.

Natürlich muss auch die Buchführung hinsichtlich der Änderung korrigiert werden.

Die Differenzbesteuerung kann bei folgenden Sachverhalten nicht angewendet werden:

- bei steuerbefreiten innergemeinschaftlichen Lieferungen
- bei Anwendung des § 3c UStG
- bei innergemeinschaftlichen Lieferungen neuer Fahrzeuge
- bei innergemeinschaftlichem Erwerb, wenn der Lieferer § 25a UStG nicht angewandt hat

8

Warenverkehr in EU-Ländern

Nach dem Wegfall der Grenzen der Europäischen Union hat sich der Warenverkehr zwischen den Mitgliedstaaten wesentlich vereinfacht. Als Mitgliedstaaten werden alle Länder bezeichnet, die der Europäischen Union angehören (vgl. Seite 200). Doch was bewirkt der sogenannte Binnenmarkt?

Die Antwort ist recht einfach. Zwei Unternehmer, die in verschiedenen Mitgliedstaaten ihren Betrieb haben und miteinander Waren handeln wollen, können durch Hingabe einer Umsatzsteuer-Identifikationsnummer die Umsatzbesteuerung in den Mitgliedstaat verschieben, in dem der Leistungsempfänger seinen Betrieb führt. Vor dem Binnenmarkt mussten die Waren an der Grenze der Einfuhrumsatzsteuer unterworfen werden (vgl. Seite 172).

Sind alle Voraussetzungen erfüllt, erstellt der leistende Unternehmer eine Rechnung über den Nettopreis ohne Umsatzsteuer und führt in seinem Mitgliedstaat keine Umsatzsteuer ab. Der Leistungsempfänger versteuert die Waren über die Umsatzsteuervoranmeldung in seinem Mitgliedstaat, hat aber – sofern die Waren für das Unternehmen erworben wurden – den Vorsteuerabzug.

Der leistende Unternehmer erbringt begrifflich eine innergemeinschaftliche Lieferung (§ 6a UStG), der Leistungsempfänger hat einen innergemeinschaftlichen Erwerb (§ 1a UStG). Aufgrund der Regelungen der EU sind die umsatzsteuerlichen Regelungen diesbezüglich gleich. Das heißt, die Regelungen in Deutschland entsprechen auch denen der Niederlande, Belgien, Polen oder Spanien.

Unterscheidung Umsatz- bzw. Vorsteuer

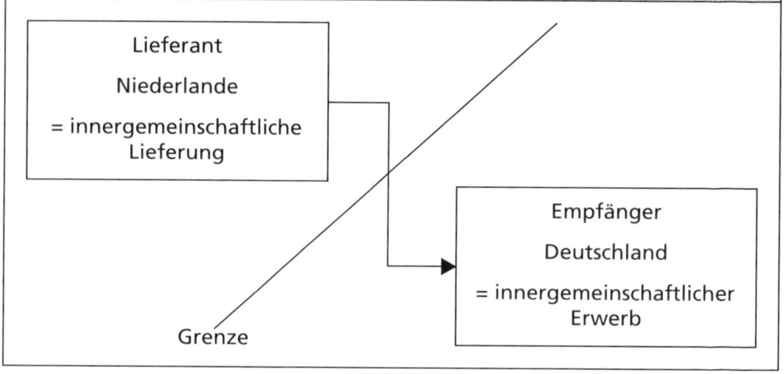

Voraussetzungen

Der innergemeinschaftliche Erwerb und die innergemeinschaftliche Lieferung sind an bestimmte Voraussetzungen gebunden. Liegen diese nicht vor, ist die Lieferung nicht steuerfrei und muss im Mitgliedstaat des Liefernden der Umsatzsteuer unterworfen werden. Gleichzeitig kann auch kein innergemeinschaftlicher Erwerb vorliegen.

Innergemeinschaftliche Lieferung

Voraussetzungen der innergemeinschaftlichen Lieferung

- Der Gegenstand der Lieferung wird von einem Mitgliedstaat in einen anderen Mitgliedstaat befördert oder versendet.
- Der Abnehmer ist ein Unternehmer und erwirbt den Gegenstand für sein Unternehmen.
- Der Erwerb muss der Umsatzbesteuerung des anderen Mitgliedstaats unterliegen.

Ist der Abnehmer eine juristische Person, die nicht Unternehmer ist oder den Gegenstand nicht für ihr Unternehmen erworben hat, sind die Abnehmervoraussetzungen grundsätzlich auch erfüllt.

Wird zum Beispiel ein neues Fahrzeug geliefert, können auch Nichtunternehmer eine innergemeinschaftliche Lieferung erhalten. Zwar ist nicht davon auszugehen, dass ein Online-Händler im Zusammenhang mit diesem Ratgeber neue Fahrzeuge verkauft, allerdings ist dieses Wissen nicht uninteressant. Möglicherweise ist einmal eine Anschaffung eines Autos im Ausland geplant.

Um von einer innergemeinschaftlichen Lieferung sprechen zu können, müssen mindestens zwei Mitgliedstaaten an diesem Geschäft beteiligt sein. Dabei muss die Ware körperlich und tatsächlich den einen Mitgliedstaat verlassen. Es reicht nicht aus, dass der Käufer oder im Falle des Erwerbs der Verkäufer nur seinen Betriebssitz in einem anderen Mitgliedstaat hat.

Beispiel:

Der Online-Händler Herbert Nußbaum aus Bonn verkauft zehn Handys an den belgischen Unternehmer André Gohl. Dieser beauftragt Herrn Nußbaum, fünf Handys direkt an den Kunden des Herrn Gohl nach Aachen zu versenden. Die anderen fünf Handys sollen an die Betriebsanschrift nach Antwerpen versandt werden. Diese Geräte werden dort ins Lager von Herrn Gohl aufgenommen.

Herbert Nußbaum versendet die Handys an einen Unternehmer, der diese für sein Unternehmen erworben hat. Bei der Lieferung an den Kunden in Aachen liegt keine innergemeinschaftliche Lieferung vor, da die Waren direkt von Bonn nach Aachen versandt werden. Demzufolge verlassen diese fünf Handys Deutschland nicht. Diese Voraussetzung fehlt somit.

Beim Versand der anderen fünf Handys gelangen diese von Bonn nach Antwerpen, das heißt, von Deutschland nach Belgien. Demnach liegen die Voraussetzungen für die innergemeinschaftliche Lieferung vor.

Sind die räumlichen Voraussetzungen erfüllt, wird verlangt, dass der erwerbende Unternehmer den Gegenstand für sein Unternehmen erwirbt. Das heißt, der Gegenstand muss entweder im Unternehmen des Käufers verbraucht oder an die Kunden des Käufers weiterveräußert werden. Die Verwendung für das Unternehmen wird durch die Vorlage der Umsatzsteuer-Identifikationsnummer deutlich gemacht (vgl. Seite 163).

8

Beispiel:

Der Unternehmer Arijen Rolfs aus den Niederlanden kauft im Online-Shop von Petra Petersen aus Essen zwei Laptops. Ein Laptop soll ein Geburtstagsgeschenk für seine Tochter sein. Mit dem anderen Laptop will Herr Rolfs seinen Online-Shop betreiben. Beide Laptops nimmt Herr Rolfs nach dem Kauf mit nach Rotterdam.

Nur der für den Online-Shop erworbene Laptop ist für das Unternehmen von Herrn Rolfs erworben. Insoweit kann auch nur für diesen Laptop eine innergemeinschaftliche Lieferung angenommen werden. Der Verkauf des Laptops für die Tochter ist in Deutschland steuerbar und steuerpflichtig.

Die dritte Voraussetzung fordert, dass der leistungsempfangende Unternehmer in seinem Mitgliedstaat den Erwerb versteuert. Das bedeutet nicht, dass er das nicht nur vergisst oder absichtlich unterlässt, sondern, dass er tatsächlich die Erwerbsbesteuerung des innergemeinschaftlichen Erwerbs durchführen kann. Dies ist nur der Fall, wenn der Erwerber wenigstens teilweise zum Vorsteuerabzug berechtigt ist.

An folgende Abnehmer kann unter den nachfolgenden Voraussetzungen gemäß § 1a Abs. 3 UstG **keine** innergemeinschaftliche Lieferung ausgeführt werden, obwohl sie Unternehmer sind:

- Der Unternehmer führt selbst nur steuerfreie Umsätze aus und ist deshalb nicht berechtigt, Vorsteuern bei seinem Finanzamt anzumelden.
- Der Unternehmer ist Kleinunternehmer im Sinne des § 19 UStG (vgl. Seite 130).
- Der Unternehmer ermittelt seine Umsätze nach Durchschnittssätzen (§ 24 UStG).
- Der Abnehmer ist eine juristische Person, die nicht Unternehmer ist oder die den Gegenstand nicht für ihr Unternehmen erwirbt.

  und

- Der Gesamtbetrag der Entgelte für innergemeinschaftliche Erwerbe und das innergemeinschaftliche Verbringen hat den Betrag von 12.500 EUR im vorangegangenen Kalenderjahr nicht überstiegen und wird diesen im laufenden Kalenderjahr voraussichtlich nicht überschreiten. Dabei spricht von der sogenannten Erwerbsschwelle.
- Es handelt sich bei den Gegenständen nicht um neue Fahrzeuge und verbrauchsteuerpflichtige Waren (z. B. Mineralöle, Alkohol, alkoholische Getränke, Tabak).

Gemäß § 1a Abs. 3 UStG kann von diesem Personenkreis unter den genannten Sachverhalten grundsätzlich kein innergemeinschaftlicher Erwerb vorgenommen werden. Allerdings gibt es eine Ausnahme von dieser Regelung. Der Erwerber kann nämlich auf die Anwendung des § 1a Abs. 3 UStG durch eine Erklärung beim Finanzamt verzichten. Diese Erklärung ist dann jedoch für zwei Jahre bindend. Die Folge daraus ist, dass der Erwerbsvorgang in dem Mitgliedstaat versteuert wird, in dem sich die Ware nach der Lieferung befindet.

Ein Verzicht auf die Anwendung des § 1a Abs. 3 UStG kann somit sinnvoll sein, wenn in dem anderen Mitgliedstaat ein höherer Steuersatz gilt.

Beispiel:

Der Kleinunternehmer Dustin Franken bestellt bei einem Händler in Dänemark einen Posten Waren zum Nettopreis von 1.000 EUR. Der Umsatzsteuersatz in Dänemark beträgt 25 Prozent. Herr Franken überschreitet die Erwerbsschwelle nicht.

Verzichtet Herr Franken nicht auf die Anwendung des § 1a Abs. 3 UStG (Erwerbsschwellenregelung), kann der dänische Händler an ihn keine innergemeinschaftliche Lieferung durchführen bzw. Herr Franken keinen innergemeinschaftlichen Erwerb tätigen. Demzufolge muss er beim Kauf die dänische Umsatzsteuer in Höhe von 250 EUR zusätzlich zum Nettokaufpreis entrichten.

Verzichtet Herr Franken auf die Anwendung der Erwerbsschwellenreglung, kann der dänische Händler eine innergemeinschaftliche Lieferung berechnen und eine Nettorechnung erstellen. Herr Franken muss zwar die Erwerbsbesteuerung in Deutschland vornehmen, muss aber nur 19 Prozent an Umsatzsteuern – 190 EUR – entrichten. Ersparnis: 60 EUR.

Die Erklärung auf den Verzicht bezüglich der Anwendung der Erwerbsschwellenregelung ist an keine besondere Form gebunden.

Innergemeinschaftlicher Erwerb

Die Voraussetzungen für den innergemeinschaftlichen Erwerb ähneln den Voraussetzungen für die innergemeinschaftliche Lieferung, sind aber nicht ganz deckungsgleich. Unabhängig davon, ob es sich um eine Lieferung oder Erwerb handelt, muss die Ware natürlich zwischen zwei Mitgliedstaaten bewegt werden. Die Erwerbsvoraussetzungen sind aber etwas anders formuliert. An den Erwerber sind folgende Voraussetzungen geknüpft:

Voraussetzungen des innergemeinschaftlichen Erwerbs

Der Erwerber ist

- ein Unternehmer, der den Gegenstand für sein Unternehmen erwirbt oder
- eine juristische Person, die nicht Unternehmer ist oder den Gegenstand nicht für ihr Unternehmen erwirbt.

Die Lieferung an den Erwerber

- wird durch einen Unternehmer gegen Entgelt im Rahmen seines Unternehmens ausgeführt.
- ist nach dem Recht des Mitgliedstaates, der für die Besteuerung des Lieferers zuständig ist, nicht aufgrund der Sonderregelung für Kleinunternehmer steuerfrei.

Die Voraussetzungen für eine innergemeinschaftliche Lieferung und einen innergemeinschaftlichen Erwerb stehen immer im Konsens zueinander. Liegt aufgrund mangelnder Voraussetzungen keine innergemeinschaftliche Lieferung vor, kann auf der anderen Seite auch kein innergemeinschaftlicher Erwerb vorliegen. Gleiches gilt im umgekehrten Fall. Ansonsten würde das System des innergemeinschaftlichen Warenverkehrs nicht funktionieren.

Das Internet erleichtert den Warenverkehr innerhalb der EU-Staaten zunehmend. So ist es für Online-Händler unkompliziert, Waren in die Mitgliedstaaten der EU zu liefern und von dort zu kaufen. Bei Geschäften zwischen Online-Händler und Privatkunden kommt es selten zu einer innergemeinschaftlichen Lieferung oder dem innergemeinschaftlichen Erwerb, so dass dieses Thema an dieser Stelle nicht vertieft wird.

Umsatzsteuer-Identifikationsnummer und Nachweise

Nach § 6a Abs. 3 UStG muss der liefernde Unternehmer das Vorliegen der Voraussetzungen für eine innergemeinschaftliche Lieferung nachweisen, insbesondere die Unternehmereigenschaft des Erwerbers und dass die Warenbewegung tatsächlich in den anderen Mitgliedstaat erfolgte.

Da es schwierig zu erkennen ist, ob es sich bei einem Kunden um einen Unternehmer oder einen Privatmann handelt, hat die EU die Umsatzsteuer-Identifikationsnummer (USt-IdNr.) eingeführt. Will ein Unternehmer am innergemeinschaftlichen Warenverkehr in diesem Sinne teilnehmen, kann er diese Nummer bei seinem zuständigen Finanzamt oder direkt beim Bundeszentralamt für Steuern (BZSt) beantragen.

Antrag auf Zuteilung einer USt-IdNr.

Existenzgründer können eine USt-IdNr. im Rahmen der Betriebsanmeldung oder auch online beim BZSt beantragen unter: www.formulare-bfinv.de
Allerdings ist es erforderlich, dass bereits eine Steuernummer durch das Finanzamt für den Unternehmer erteilt wurde.

Legt ein Erwerber bei Kauf eines Gegenstandes aktiv die USt-IdNr. vor, kann der Verkäufer von zwei Dingen ausgehen:

- Der Erwerber ist Unternehmer und will den Gegenstand für sein Unternehmen erwerben.

- Der Erwerber führt in seinem Mitgliedstaat die Erwerbsbesteuerung durch.

Prüfung der Gültigkeit und Sorgfaltspflicht

Die USt-IdNr. besteht aus der Länderkennung sowie einer numerischen oder alphanumerischen Zeichenfolge. Die Länge der Nummer ist in den einzelnen Mitgliedstaaten unterschiedlich, die deutsche besteht aus dem Länderkürzel „DE" und neun Ziffern.

Die Tatsache allein, dass ein Unternehmer eine USt-IdNr. vorlegt, reicht nicht als Nachweis aus, dass es sich um einen oder den Unternehmer handelt. Der Liefernde muss die Richtigkeit und Gültigkeit überprüfen. Unterlässt er dies, haftet er je nach Sachverhalt gegenüber dem Finanzamt für einen eventuellen Steuerausfall.

Der leistende Unternehmer genügt seiner Sorgfaltspflicht, wenn er die vorgelegte USt-IdNr. sowie die dazugehörige Erwerberanschrift anhand der Meldedaten des BZSt abgleicht. Dies kann über eine einfache oder qualifizierte Bestätigungsabfrage erfolgen. Beide Abfragen können online beim BZSt vorgenommen werden.

Einfache Bestätigungsabfrage

Die einfache Bestätigungsabfrage, die sofort beantwortet wird, informiert nur darüber, ob die eingegebene USt-IdNr. gültig ist – mehr nicht. Aus diesem Grund reicht diese Abfrage dem Finanzamt nicht als Nachweis aus und es verlangt zusätzlich die qualifizierte Bestätigungsabfrage.

Qualifizierte Bestätigungsabfrage

Bei dieser Abfrage werden neben der Gültigkeit auch der Name und die Anschrift geprüft. Die Daten der qualifizierten Bestätigungsabfrage sind mit den vorgelegten Daten des Erwerbers zu vergleichen. Stimmen sie überein, kann grundsätzlich davon ausgegangen werden, dass es sich bei dem Erwerber um einen Unternehmer handelt. Ist die USt-IdNr. nicht oder nicht mehr gültig oder stimmen die Daten nicht überein, sind die Voraussetzungen für eine innergemeinschaftliche Lieferung nicht gegeben.

Praxis-Tipp:

Abfragen sind möglich:

- Online: täglich, 5 bis 23 Uhr
- Telefonisch: Montag bis Freitag, 7 bis 18 Uhr, Telefon 02 28/40 61 222

Rechnung und Zusammenfassende Meldung

Wird eine innergemeinschaftliche Lieferung durchgeführt, muss der leistende Unternehmer dies auf der Rechnung (vgl. Seite 76) neben allen anderen Angaben vermerken. Dazu gehören:

- die USt-IdNr. des Erwerbers
- ein Hinweis, dass es sich bei der Lieferung um eine innergemeinschaftliche Lieferung handelt

Mit dem Hinweis auf die innergemeinschaftliche Lieferung verlangt der Gesetzgeber, dass aus der Rechnung hervorgehen muss, dass eine solche Lieferung durchgeführt wird. Eine Nennung der Paragrafen ist freiwillig.

Musterformulierung:

Es handelt sich um eine steuerfreie innergemeinschaftliche Lieferung.

Die Lieferung ist gemäß § 4 Nr. 1b i. V. m. § 6a UStG steuerfrei.

Neben den Rechnungsbesonderheiten muss der leistende Unternehmer dem BZSt die Durchführung von innergemeinschaftlichen Lieferungen melden. Das BZSt überwacht in Zusammenarbeit mit den anderen Mitgliedstaaten den Warenverkehr, um unter anderem dem Umsatzsteuerbetrug entgegenzutreten. Es wird daher vom leistenden Unternehmer verlangt, dass dieser eine sogenannte Zusammenfassende Meldung beim BZSt vorlegt. Die Vorlage muss online erfolgen.

Praxis-Tipp:
Eine ausführliche Beschreibung und den elektronischen Vordruck finden Sie auf der Webseite des BZSt: www.bzst.bund.de

Der Meldezeitraum entspricht dem umsatzsteuerlichen Quartal. Grundsätzlich ist die Meldung immer zum 10. des auf das Ende des Quartals folgenden Monats abzugeben. Hat man aber für die Umsatzsteuer eine Dauerfristverlängerung beantragt und erhalten, gilt diese automatisch auch für die Abgabe der Zusammenfassenden Meldung. Wurden in einem Quartal keine innergemeinschaftlichen Lieferungen getätigt, muss keine Meldung abgegeben werden. Eine Nullmeldung ist nicht erforderlich.

Der leistende Unternehmer gibt in der Meldung alle steuerfreien innergemeinschaftlichen Lieferungen in die Mitgliedstaaten an, allerdings nur die Summe aller Nettorechnungsbeträge, sortiert nach den einzelnen USt-IdNrn. Die getätigten Umsätze müssen wie folgt gemeldet werden:

- Erfolgten die Lieferungen in den ersten beiden Monaten des Quartals, sind alle Lieferungen zu berücksichtigen, die in diesem Zeitraum erfolgt sind.
- Erfolgten die Lieferungen im letzten Monat des Quartals, kommt es nicht auf den Zeitpunkt der Lieferung, sondern auf den Zeitpunkt der Rechnungserstellung an.

Sind nachträgliche Änderungen eingetreten, etwa weil die Ware zurückgeliefert worden ist, ist die Zusammenfassende Meldung entsprechend zu berichtigen. Die Berichtigung hat in dem Quartal zu erfolgen, in dem die Berichtigung vorgenommen wurde.

Wichtig: Achten Sie darauf, die Zusammenfassende Meldung fristgerecht an das BZSt zu übermitteln. Das BZSt ist berechtigt, einen Verspätungszuschlag für die nicht fristgerechte Abgabe festzusetzen. Das kann je nach der Höhe der Lieferungen teuer werden. Der Verspätungszuschlag beträgt 1 Prozent der in diesem Quartal gemeldeten Summe aller Werte, maximal aber 2.500 EUR. Weiterhin sollte man darauf achten, dass diese vollständig und richtig abgegeben wird, da unter Umständen Bußgelder bis zu 5.000 EUR festgesetzt werden können.

Belegnachweise

Nach der Prüfung, ob der Erwerber überhaupt Unternehmer ist und somit die Voraussetzungen für eine innergemeinschaftliche Lieferung vorliegen, muss der Unternehmer über Belege nachweisen, dass die Lieferung durchgeführt wurde. Dem Belegnachweis sollte besondere Beachtung geschenkt werden, da sich hier sehr oft Beanstandungen durch das Finanzamt ergeben. Das führt in der Regel dazu, dass die Steuerbefreiung zumindest solange versagt wird, bis die Beanstandung beseitigt ist.

Wird der Gegenstand vom Unternehmer oder Erwerber in einen anderen Mitgliedstaat befördert, ist der Nachweis zu führen:

- durch das Doppel der Rechnung
- durch einen handelsüblichen Beleg, aus dem sich der Bestimmungsort ergibt (kann auch die Rechnung oder der Lieferschein sein)
- durch eine Empfangsbestätigung des Abnehmers oder seines Beauftragten (z. B. Bevollmächtigten, Spediteurs)
- in Fällen der Beförderung des Gegenstandes durch eine Versicherung des Erwerbers oder seines Beauftragten, dass er den Gegenstand der Lieferung in das übrige Gemeinschaftsgebiet befördert. Umgangssprachlich bezeichnet man diese Versicherung auch als Verbringungsnachweis.

8

Empfangsbestätigung

Holt der Erwerber die Ware selbst ab, ist die Empfangsbestätigung unproblematisch. Anders sieht es aus, wenn ein Beauftragter die Ware abholt. In diesem Fall wird eine Vollmacht benötigt, die auch in einem zivilrechtlichen Streit Stand halten würde. Um die Prüfung der Personalien nachweisen zu können, sollte zudem eine Kopie der Ausweispapiere angefertigt werden. Die Vollmacht für den Beauftragten muss sich auf den abzuholenden Gegenstand beziehen. Globalvollmachten erkennen die Finanzämter als Nachweis nicht an. Wird die Ware von einem Spediteur abgeholt, ist keine Überprüfung der Personalien erforderlich.

Verbringungsnachweis

Um zu überprüfen, ob der Erwerber die Ware nun tatsächlich in einen anderen Mitgliedstaat befördert, müsste man diesem quasi hinterher reisen, was kaum möglich und sinnvoll ist. Daher muss der Nachweis anders erbracht werden.

Der Nachweis über die Beförderung wird in diesem Fall durch den sogenannten Verbringungsnachweis erbracht. Über den Verbringungsnachweis bestätigt der Erwerber oder sein Beauftragter, dass der erworbene Gegenstand in einen anderen Mitgliedstaat ausgeführt wird. Der verlangte Verbringungsnachweis ist an keine Form gebunden.

Musterformulierung:

Hiermit bestätige ich, dass die Ware von mir unmittelbar ins übrige Gemeinschaftsgebiet befördert wird.

Datum Unterschrift Erwerber/Beauftragter

Der Unternehmer kann nun guten Glaubens davon ausgehen, dass dies auch so geschieht. Verbringt der Erwerber die Waren nun nicht wie geplant in einen anderen Mitgliedstaat, wird dies nicht dem Verkäufer zur Last gelegt.

Beispiel:

Der Online-Händler Bernd Bach hat an den österreichischen Unternehmer Holger Meyer einen Posten Ware veräußert. Da Herr Meyer die Ware dringend benötigt, holt er sie direkt bei Händler Bach in München ab. Die Voraussetzungen für eine innergemeinschaftliche Lieferung liegen allesamt vor. Am Tag der Abholung bestätigt Herr Meyer über einen Verbringungsnachweis, dass er die Ware nach Österreich ausführt. Allerdings verbringt Herr Meyer ohne das Wissen des Herrn Bach die Ware nicht nach Österreich, sondern liefert sie zu seinem Kunden nach Nürnberg.

Obwohl die Waren vom Abnehmer nicht in einen anderen Mitgliedstaat verbracht wurden, liegt aus Sicht des Online-Händlers Bach eine innergemeinschaftliche Lieferung vor, da ihm Herr Meyer versichert hat, die Ware nach Österreich zu befördern. Dass die Ware dort tatsächlich nicht ankommt, liegt nicht im Wissen von Herrn Bach.

Versendet der Unternehmer oder der Erwerber die Ware in den anderen Mitgliedstaat, ist der Nachweis wie folgt zu erbringen:

- durch das Doppel der Rechnung
- durch einen Versandbeleg (z. B. Frachtbrief, Konnossement, Posteinlieferungsschein, Bescheinigung des Spediteurs gemäß § 10 Abs. 1 UStDV)

Der Posteinlieferungsschein wird in den meisten Fällen der maßgebliche Beleg für einen Online-Shop sein, da die Waren in der Regel über diesen Weg versandt werden.

Buchnachweis

Neben dem Belegnachweis hat der Unternehmer einen Buchnachweis zu erbringen. Dieser Buchnachweis wird aber zum Teil auch über die Belege erbracht. Die Buchführung des leistenden Unternehmers muss folgende Daten enthalten:

- USt-IdNr. des Erwerbers
- Name und Anschrift des Erwerbers
- Name und Anschrift des Beauftragten des Erwerbers
- Gewerbezweig oder Beruf des Erwerbers
- handelsübliche Bezeichnung und Menge der Ware
- Tag der Lieferung
- das vereinbarte Entgelt oder bei der Besteuerung das vereinnahmte Entgelt nach vereinnahmten Entgelten und der Tag der Vereinnahmung
- die Beförderung oder Versendung in das übrige Gemeinschaftsgebiet
- den Bestimmungsort im übrigen Gemeinschaftsgebiet

Wie für den Belegnachweis gilt auch hier, dass der Buchnachweis vollständig sein sollte.

Lieferungen an Privatpersonen in der EU

Werden Waren insbesondere an Privatpersonen in Mitgliedstaaten der EU befördert oder versendet, liegen die Voraussetzungen für eine innergemeinschaftliche Lieferung nicht vor. Daraus folgt, dass die Rechnung mit deutscher Umsatzsteuer ausgestellt werden muss. Diese Tatsache könnte beispielsweise im Verhältnis zu Mitkonkurrenten aus einem anderen Mitgliedstaat zu Wettbewerbsnachteilen führen, wenn in dem anderen Mitgliedstaat der Umsatzsteuersatz niedriger ist als der in Deutschland. Allerdings gibt es nicht viele Länder, in denen der deutsche Regelsteuersatz von 19 Prozent noch unterschritten wird. Derzeit haben nur noch Spanien (16 Prozent), Zypern (15 Prozent), Luxemburg (15 Prozent), Malta (18 Prozent) und Großbritannien (17,5 Prozent) einen niedrigeren Regelsteuersatz für die Umsatzsteuer.

Beispiel:

Ein Kunde aus Spanien möchte im Online-Shop eine Ware zum Preis von 200 EUR netto erwerben. Grundsätzlich müsste der deutsche Online-Händler 38 EUR an deutscher Umsatzsteuer berechnen, was einen Endpreis von 238 EUR für den Kunden ergeben würde. Die gleiche Ware würde aber in Spanien nur mit einem Steuersatz von 16 Prozent besteuert. Dies entspricht einer Umsatzsteuer von 32 EUR. Insgesamt hat der Kunde in Spanien nur 232 EUR aufzuwenden.

In der EU wurde für den Versandhandel (z. B. Online-Shops) an Privatpersonen eine Sonderregelung geschaffen, wodurch Wettbewerbsnachteile durch den Unternehmer vermieden werden können und die Besteuerung in den jeweiligen Mitgliedstaat verlegt wird. Die Rede ist hier von den sogenannten Lieferschwellen (§ 3c UStG).

Voraussetzungen für Lieferschwellen

Lieferung erfolgt an:

- Privatpersonen
- Unternehmer, die keinen Vorsteuerabzug haben
- Kleinunternehmer (nach den Regelungen des Mitgliedstaates)
- Unternehmer, die eine Pauschalregelung für landwirtschaftliche Erzeuger anwenden
- juristische Personen, die nicht Unternehmer sind oder den Gegenstand nicht für das Unternehmen erwerben

Das entspricht dem Abnehmerkreis, der in der Regel über keine USt-IdNr. verfügt.

Wie funktioniert aber jetzt die Lieferschwelle?

Die EU hat für jeden Mitgliedstaat eine Lieferschwelle geregelt. Befördert oder versendet ein Unternehmer in einem Kalenderjahr Waren an eine oder unterschiedliche Personen des obigen Abnehmerkreises, erfolgt grundsätzlich eine Umsatzbesteuerung in

Deutschland, wenn die Lieferschwelle des jeweiligen Mitgliedstaates unterschritten wird. Überschreiten die Warenlieferungen in ihrer Gesamtheit die Lieferschwelle, muss die Besteuerung der Lieferung im anderen Mitgliedstaat erfolgen.

Beispiel:

Der Online-Händler Dieter Müller versendet regelmäßig Waren an Privatkunden in Belgien. Die Lieferschwelle für Belgien beträgt 35.000 EUR. 2010 lieferte er Waren im Gesamtwert (ohne Umsatzsteuer) von

- 24.000 EUR: Die maßgebliche Lieferschwelle von 35.000 EUR wird von Herrn Müller nicht überschritten. Er kann für Lieferungen nach Belgien weiterhin die deutsche Umsatzsteuer in Rechnung stellen.
- 40.000 EUR: Herr Müller überschreitet die Lieferschwelle und muss für die erste Lieferung, mit der er die Lieferschwelle überschreitet, die Umsatzbesteuerung im Mitgliedstaat vornehmen.

Wie aus dem Bespiel zu ersehen ist, muss bei Überschreiten der Lieferschwelle eines Mitgliedstaates in diesem die Umsatzbesteuerung erfolgen. Dies hat natürlich folgende Auswirkungen:

- Der deutsche Unternehmer muss sich in dem Mitgliedstaat, in dem die Überschreitung erfolgte, für die Zukunft steuerlich registrieren lassen (sogenannte Fiskalvertretung).
- An die Kunden sind die Entgelte mit dem Umsatzsteuersatz des Mitgliedstaates zu berechnen.
- Die Umsatzsteuern sind bei den Finanzbehörden des Mitgliedstaates anzumelden und abzuführen.

Beispiel:

Online-Händler Müller hatte bis Juni 2010 Waren im Wert von 34.000 EUR an Privatpersonen nach Belgien geliefert. Im August bestellt ein Kunde aus Belgien Waren im Wert von 3.000 EUR.

Aufgrund der Bestellung des Kunden im August wird die Lieferschwelle (35.000 EUR für Belgien) überschritten. Diese Lieferung ist mit belgischer Umsatzsteuer zu versehen. Die Steuern sind in Belgien anzumelden und abzuführen.

Wurde die Lieferschwelle eines Mitgliedstaats im Vorjahr überschritten, gilt diese Überschreitung auch für das Folgejahr. Das heißt, dass auch in diesem Jahr die Umsatzbesteuerung für Lieferungen in dem anderen Mitgliedstaat durchzuführen ist. Das gilt auch, wenn die Lieferschwelle im Folgejahr nicht überschritten wird.

Wird die Lieferschwelle im Folgejahr wieder unterschritten, kann in dem darauffolgenden Jahr die Lieferschwelle wieder angewandt werden und die Besteuerung in Deutschland erfolgen.

Es ist möglich, freiwillig auf die Anwendung der Lieferschwellengrenze zu verzichten, wenn die Lieferschwelle nicht erreicht wird, mit der Folge, dass die Lieferung unabhängig von der Lieferschwelle in einem bestimmten Mitgliedstaat der Umsatzsteuer unterworfen wird. Dies könnte sich in den Ländern lohnen, in denen der Regelsteuersatz niedriger ist. Der Verzicht ist dem eigenen Finanzamt schriftlich zu erklären und bindet den Unternehmer für mindestens zwei Jahre. Als Verzichtserklärung wird auch der Antrag auf Erteilung einer Steuernummer in einem Mitgliedstaat angesehen.

Praxis-Tipp:

Informationen und Anschriften zu den zuständigen Finanzbehörden der jeweiligen Mitgliedstaaten können telefonisch und aktuell beim Umsatzsteuerhauptsachbearbeiter des Finanzamtes eingeholt werden.

Warenverkehr mit Drittländern

Unter Drittländern sind steuerrechtlich die Länder zu verstehen, die nicht zur EU gehören und in die somit keine innergemeinschaftliche Lieferung möglich ist, etwa die Schweiz oder die USA. Liegen alle Voraussetzungen vor, kann eine Lieferung ins Drittland nach § 4 Nr. 1a in Verbindung mit § 6 UStG steuerfrei sein. Umgangssprachlich werden diese Lieferungen auch als Ausfuhrlieferungen bezeichnet.

Voraussetzungen

Eine Ausfuhrlieferung liegt vor, wenn

- der Unternehmer die Ware in das Drittland liefert oder
- der Abnehmer die Ware in das Drittlandgebiet befördert oder versendet und ein ausländischer Abnehmer ist.

Es wird somit klargestellt, dass die Ware nicht nur Deutschland, sondern das gesamte Gemeinschaftsgebiet der EU verlassen muss. Zudem wird gefordert, dass es sich um einen ausländischen Abnehmer handeln muss.

Ausländischer Abnehmer

- Abnehmer, der seinen Wohnsitz oder Sitz im Drittland hat, ausgenommen in Freihäfen oder in Gewässern oder Watten zwischen den Hoheitsgrenzen
- Zweigniederlassung eines im Inland oder in den Freihäfen, Gewässern oder Watten zwischen den Hoheitsgrenzen ansässigen Unternehmers, der seinen Sitz im Ausland hat, ausgenommen die bezeichneten Gebiete, wenn er das Umsatzgeschäft im eigenen Namen abgeschlossen hat. Eine Zweigniederlassung im Inland ist ausländischer Abnehmer.

Wird die Ware von Unternehmern oder Abnehmern in einen Freihafen oder in Gewässer und Watten zwischen den Hoheitsgrenzen und den jeweiligen Strandlinien versendet oder befördert, liegt eine Ausfuhrlieferung vor, wenn der Erwerber

- ein Unternehmer ist, der den Gegenstand für sein Unternehmen erworben hat und diesen nicht ausschließlich oder nicht zum Teil für steuerfreie Umsätze (§ 4 Nr. 8 bis 27 UStG) verwendet.
- ein ausländischer Abnehmer, aber kein Unternehmer ist und der Gegenstand in das übrige Drittlandsgebiet gelangt.

Prinzipiell ist somit zu prüfen, ob ein im Ausland Ansässiger die Ware tatsächlich in das Drittland versendet oder befördert. Anders als bei europäischen Warengeschäften muss der Abnehmer kein Unternehmer sein, da der Abnehmer in der Regel den Einkauf an der Grenze versteuern muss. Insoweit ist die Besteuerung der Warenlieferung gewährleistet.

Beispiel:

Der Online-Shop-Inhaber Heiner Hansen aus Freiburg verkauft an den Kunden Josef Ügli eine Waschmaschine. Die Waschmaschine wird von Herrn Ügli in Freiburg abgeholt. Bei der Abholung erklärt Herr Ügli, dass er die Waschmaschine nach Basel (Schweiz) mitnehmen möchte. Nach den Ausweispapieren ist Herr Ügli dort wohnhaft.

Prüfschema Ausfuhrlieferung durch Abnehmer ohne Reisegepäck

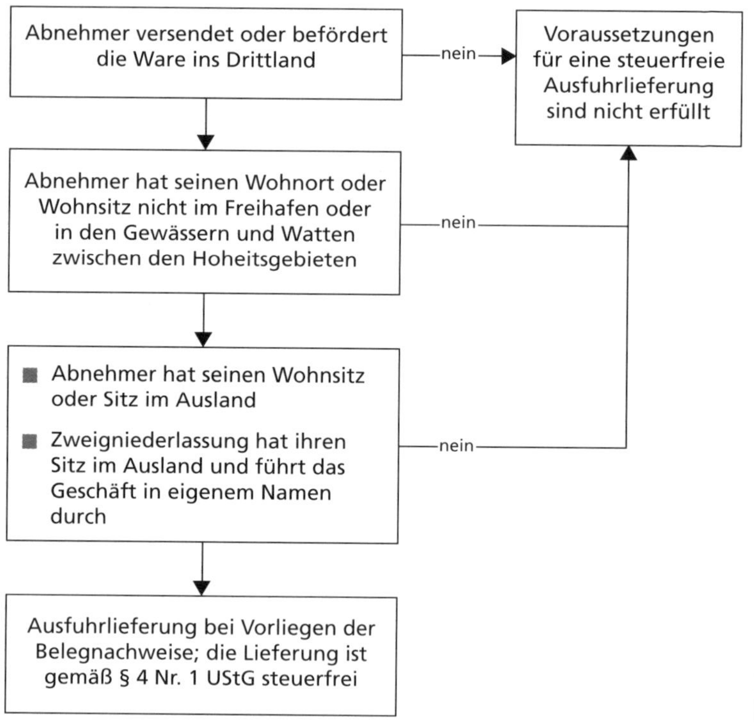

Ungeachtet der noch zu erbringenden Belegnachweise liegen die Voraussetzungen für eine Ausfuhrlieferung vor. Herr Ügli befördert die Waschmaschine ins Drittland Schweiz. Somit ist die Liefervoraussetzung erfüllt. Die weitere Voraussetzung, dass er ein ausländischer Abnehmer sein muss, liegt auch vor. Herr Ügli hat seinen Wohnsitz in Basel.

Wichtig: Die Forderung nach einem ausländischen Abnehmer bezieht sich nicht auf die Nationalität des Abnehmers. Maßgeblich ist der Wohnort oder Sitz. So kann ein deutscher Staatsangehöriger beispielsweise mit Wohnsitz in der Schweiz ein ausländischer Abnehmer sein.

Liegt ein umsatzsteuerliches Reihengeschäft (vgl. Seite 143) vor, kann grundsätzlich nur eine Lieferung eine steuerfreie Lieferung sein. Es handelt sich dabei immer um die bewegte Lieferung.

Beispiel:

Die Online-Uhrenhändlerin Jutta Schmitz erhält von der Kundin Helga Brinkmann eine Bestellung über eine Wanduhr aus dem Schwarzwald. Frau Brinkmann ist wohnhaft in Bern (Schweiz). Dorthin soll die Uhr auch per Postpaket übersandt werden. Frau Schmitz hat die Uhr aber nicht auf Lager und bestellt diese umgehend beim Hersteller in Freiburg. Frau Schmitz weist den Hersteller an, die Uhr direkt an Frau Brinkmann zu versenden.

Es liegt ein Reihengeschäft vor, da drei Personen nacheinander über denselben Gegenstand einen Kaufvertrag schließen und die Ware direkt vom Hersteller zum Abnehmer gelangt. Außerdem bestehen zwei Lieferungen: Frau Schmitz liefert an Frau Brinkmann, der Hersteller an Frau Schmitz. Da die Versendungslieferung vom Hersteller vorgenommen wird und direkt an den Abnehmer erfolgt, handelt es sich bei dieser Lieferung um die bewegte Lieferung. Ort der Lieferung ist Freiburg, da die Versendung dort begann. Weist der Hersteller die Ausfuhr nach, ist die Lieferung steuerfrei. Für die unbewegte Lieferung bestimmt sich der Ort der Lieferung danach, wo die Ware ankommt, in diesem Fall Bern.

Hat der Abnehmer die Ware für private Zwecke erworben und transportiert er diese in seinem persönlichen Reisegepäck, liegt eine Ausfuhrlieferung nur vor, wenn

- der Abnehmer seinen Wohnsitz oder Sitz im Drittland hat, ausgenommen in Freihäfen oder in Gewässern oder Watten zwischen den Hoheitsgrenzen oder
- die Ware vor Ablauf des dritten Kalendermonats, der auf den Monat der Lieferung folgt, ausgeführt wird.

Diese Regelung wird als nichtkommerzieller Reiseverkehr bezeichnet und dient als Vereinfachung, da in diesen Fällen der Belegnachweis weniger streng ausgelegt ist (vgl. Seite 177). Zum Reisegepäck gehören alle Gegenstände, die ein Abnehmer bei Grenzübertritt bei sich hat.

Beispiel:

Der sich im Urlaub in Deutschland befindende Privatmann Holger Fjord aus Norwegen (Drittland) kauft sich in Flensburg einen Laptop für den privaten Gebrauch. Nach Beendigung seines Urlaubs nimmt er das Gerät in seinem Pkw mit nach Norwegen.

Bei Vorliegen der Belegnachweise liegt eine Ausfuhrlieferung vor. Herr Fjord wohnt im Drittland und nimmt den Laptop innerhalb der Drei-Monats-Frist nach dem Kauf mit nach Norwegen.

Belegnachweis

Das Vorliegen einer Ausfuhrlieferung muss durch Belege nachgewiesen werden. Die Nachweise, insbesondere die Zollpapiere, müssen vollständig sein.

Wichtig: Sind die Nachweise unvollständig, kann das Finanzamt die Steuerbefreiung nachträglich versagen und den Vorgang umsatzsteuerpflichtig machen. Dies ist nicht nur sehr ärgerlich, sondern möglicherweise auch teuer, da der Abnehmer oftmals nicht mehr erreicht werden kann.

Im Zusammenhang mit dem Aufbau eines Online-Shops wird im Folgenden unterstellt, dass die Waren entweder mit der Post oder über einen Kurierdienst (z. B. UPS, Hermes, DHL) versandt werden.

Ausfuhrnachweis bei Postsendungen

- Nachweis durch den Einlieferungsschein für eingeschriebene Briefsendungen und Päckchen
- Nachweis durch den Einlieferungsschein für Briefe mit Wertangabe und für gewöhnliche Briefe mit Nachnahme
- Nachweis durch den Einlieferungsschein für Filialkunden bzw. Einlieferungsliste (Auftrag zur Beförderung ins Ausland) für Vertragskunden
- Nachweis durch die Versandbestätigung für gewöhnliche Päckchen auf vom Absender vorbereiteten Bescheinigungen

Abgesehen von gewöhnlichen Päckchen wird die Bescheinigung von der Post auf dem Einlieferungsbeleg oder -schein vorgenommen.

Postversand

Handelt es sich bei den Waren um Gegenstände, die in einem gewöhnlichen Brief versendet werden, der weder ein eingeschriebener Brief ist noch zur Ausfuhr angemeldet werden muss, reichen auch die innerbetrieblichen Versendungsunterlagen in Verbindung mit den Aufzeichnungen in der Finanzbuchhaltung aus.

Weiterhin besteht die Möglichkeit, das sogenannte Einheitspapier für Ausfuhren zu nutzen. In diesem Fall erhält die Postsendung an der Grenzzollstelle einen Ausfuhrstempel und wird zurückgesandt (Exemplar Nr. 3 des Einheitspapiers). Allerdings ist dies nicht immer möglich, da der Anmelder in einigen Fällen von der Vorlage einer schriftlichen Ausfuhranmeldung befreit ist, nämlich bei

- Postsendungen, die zu kommerziellen Zwecken bestimmte Waren enthalten, bis zu einem Wert von 1.000 EUR
- nichtausfuhrabgabenpflichtigen Postsendungen
- Drucksachen im Sinne der Postvorschriften

Kurierversand

Wird die Ware mit einem Kurierdienst versendet, werden bezüglich des Nachweises grundsätzlich dieselben Anforderungen gestellt wie bei einem Posteinlieferungsschein. Der Kurierauftrag sollte folgende Angaben enthalten:

- Name und Anschrift des Ausstellers des Belegs
- Name und Anschrift des Absenders
- Name und Anschrift des Empfängers
- handelsübliche Bezeichnung und Menge der beförderten Gegenstände
- Wert der einzelnen beförderten Gegenstände
- Tag der Einlieferung

Bezüglich der Bezeichnung, Menge und des Werts der Ware reicht es aber aus, wenn die Rechnung beigefügt und im Auftrag auf diese hingewiesen wird.

Nichtkommerzieller Reiseverkehr

Wird die Ware im Rahmen eines nichtkommerziellen Reiseverkehrs ins Drittland verbracht, wird grundsätzlich ein Stempelabdruck der überwachenden Grenzzollstelle (Ausgangszollstelle) mit Datum und

Unterschrift vom Grenzbeamten verlangt. Dabei reicht es aus, wenn der Stempelabdruck sowie das Datum und die Unterschrift auf der Rechnung für die entsprechende Ware erfolgt. Die Rechnung oder auch ein anderer Beleg müssen die handelsübliche Bezeichnung und die Menge der Ware enthalten.

Das Datum der Ausfuhr ist wichtig, da der veräußernde Unternehmer nachweisen muss, dass die Drei-Monats-Frist eingehalten wurde (vgl. Seite 175).

Abnehmernachweis

Zudem muss der Unternehmer beim nichtkommerziellen Reiseverkehr nachweisen, dass der Abnehmer im Drittland wohnt. Er muss den sogenannten Abnehmernachweis erbringen. Dies ergibt sich grundsätzlich aus den Ausweispapieren, die in Kopie den Buchungsunterlagen beigefügt werden sollten. Damit die Zollstelle bei der Grenzüberschreitung den Abnehmernachweis bestätigen kann, sind im Ausfuhrbeleg zusätzlich Angaben über den Namen und die Anschrift zu machen.

Bei gegenseitigen Sprach- und Verständigungsproblemen reicht es aus, in das Ausfuhrpapier nur den Namen und das Wohnsitzland sowie die Nummer des Ausweisdokuments aufzunehmen. An der Grenzzollstelle sind neben der Ausfuhr auch die Abnehmerangaben zu bestätigen.

Praxis-Tipp:

Die Ausfuhr- und Abnehmerbescheinigung sollte auf dem vorgeschriebenen Muster erfolgen (vgl. Seite 210).

Buchnachweis

Wurden Ausfuhrlieferungen getätigt, ist neben den Belegen auch der sogenannte Buchnachweis zu erbringen. Dieser ergibt sich aus der Buchführung sowie aus den Belegen selbst. Nach den Regelungen des § 13 UStDv sind regelmäßig folgende Daten aufzuzeichnen:

Bestandteile des Buchnachweises
▪ die handelsübliche Bezeichnung der Ware und die Menge ▪ Name und Anschrift des Auftraggebers

- Tag der Lieferung
- das vereinbarte Entgelt oder bei der Besteuerung nach vereinnahmten Entgelten das vereinnahmte Entgelt und der Tag der Vereinnahmung
- die Ausfuhr (Ausfuhrbeleg)
- Beförderung oder Versendung zzgl. des Bestimmungsorts, falls der Unternehmer selbst an einen Abnehmer geliefert hat, der kein ausländischer Abnehmer ist

Wurde der Gegenstand in einen Freihafen oder in Gewässer oder Watten zwischen den Hoheitsgebieten geliefert, sind zusätzlich folgende Angaben notwendig:

- Beförderung oder Versendung
- Bestimmungsort
- in den Fällen, in denen der Abnehmer Unternehmer ist, der Gewerbezweig/Beruf und der Erwerbszweck

Ist der Abnehmer eine Privatperson, die die Ware im Rahmen des nichtkommerziellen Reiseverkehrs ausführt, sind neben den obigen Angaben zur Ware zusätzlich der Gewerbezweig/Beruf und der Erwerbszweck aufzuzeichnen.

Rechnungserstellung

Erfüllt die Ausfuhrlieferung die genannten Voraussetzungen, ist diese nach § 4 Nr. 1a UStG steuerfrei. Das bedeutet, dass die Rechnung nur mit dem Nettobetrag auszustellen ist. Die Umsatzsteuer ist nicht zu berechnen. Ein besonderer Hinweis auf der Rechnung kann unterbleiben.

Vorsteuer

Allgemeine Voraussetzungen

Wie bereits erwähnt, kann ein Unternehmer die ihm in Rechnung gestellte Vorsteuer vom Finanzamt erstattet bekommen. Dies setzt zunächst grundsätzlich voraus, dass steuerpflichtige Ausgangsumsätze erzielt werden. Werden Umsätze erreicht, die nicht zum Vorsteuerabzug berechtigen, kann der Vorsteuerabzug nicht beansprucht werden. Gemeint sind hier die umsatzsteuerfreien Umsätze nach § 4 Nr. 8 ff. UStG. Dabei handelt sich aber um Umsätze, die in der Regel nicht im Zusammenhang mit den hier behandelten Online-Shops vorkommen.

Der Vorsteuerabzug ist auch nicht möglich, wenn der Unternehmer ein umsatzsteuerlicher Kleinunternehmer gemäß § 19 UStG ist (vgl. Seite 130).

Die gesetzlich geschuldete Steuer darf abgezogen werden, wenn

- die Lieferung und sonstige Leistung von einem anderen Unternehmer für das Unternehmen des Leistungsempfängers ausgeführt wurde und
- der Unternehmer hierfür eine Rechnung nach §§ 14, 14a UStG besitzt (vgl. Seite 71).

Im Gegensatz zur Umsatzsteuer reicht es nicht aus, dass die Lieferung oder sonstige Leistung erbracht wurde. Hier kommt es zum einen darauf an, dass die Lieferung oder sonstige Leistung schon durchgeführt wurde, zum anderen, dass darüber auch eine Rechnung erstellt wurde. Die Zahlung der Rechnung ist unbedeutend, denn der Vorsteuerabzug wird auch gewährt, wenn der Rechnungsbetrag nicht ausgeglichen wurde.

Die Voraussetzungen sind immer Gegenstand einer Prüfung durch das Finanzamt. Dabei handelt es sich nicht immer um angeordnete Prüfungen, sondern auch um einfache Beleganforderungen durch die Umsatzvoranmeldestellen der Finanzämter. Deshalb sollen die Voraussetzungen näher beleuchtet werden.

Abzug der gesetzlich geschuldeten Steuer

Grundsätzlich darf nur die gesetzlich geschuldete Steuer als Vorsteuer abgezogen werden, das heißt, nur der Steuerbetrag, der sich nach den deutschen Steuersätzen ergibt. In der Regel sind das 7 oder 19 Prozent vom Entgelt.

Häufig wird die Steuer falsch berechnet oder der falsche Steuersatz angesetzt. In diesen Fällen kann der Vorsteuerabzug erst in Anspruch genommen werden, wenn der Rechnungsaussteller die Rechnung berichtigt hat (UStAE zu § 15 UStG Abschnitt 152 Abs. 3 Satz 9 und 10).

Beispiel:

Die Online-Händlerin Claudia Holt erhält von ihrem Lieferanten eine Warenlieferung und folgende Rechnung:

Warennettopreis	1.900 EUR
+ Umsatzsteuer 19 %	480 EUR
Zahlbetrag	**2.380 EUR**

Frau Holt überweist diesen Betrag umgehend.

Geht man vom Wert der Ware aus, ergäbe sich ein Steuerbetrag von 361 EUR (1.900 EUR × 19 %). Demzufolge ein Betrag, der wesentlich geringer ist als der ausgewiesene Betrag. Geht man vom Entgelt aus, hat Frau Holt 2.380 EUR geleistet. Rechnet man die Umsatzsteuer heraus, ergibt sich ein Betrag von 380 EUR. Dieser ist ebenfalls wesentlich niedriger als der ausgewiesene Betrag. Es liegt offensichtlich ein Rechenfehler vor. Frau Holt darf aus dieser Rechnung bis zu ihrer Berichtigung durch den Lieferanten den Vorsteuerabzug nicht in Anspruch nehmen.

Lieferung oder sonstige Leistung von einem anderen Unternehmer für das Unternehmen des Leistungsempfängers

Weitere Voraussetzung ist, dass die Lieferung oder sonstige Leistung von einem anderen Unternehmer für das Unternehmen des Leistungsempfängers erbracht wurde. Zunächst ist es erforderlich, dass die leistende Person selbst auch ein Unternehmer ist. Dies kann der leistende Unternehmer schwer überprüfen. In der Regel kann der Leistungsempfänger nur zwei Sachen prüfen. Die erste Prüfung ist die Übereinstimmung der Anschriftendaten mit dem Leistenden. Wenn eine Identität festzustellen ist, muss der Leitungsempfänger davon ausgehen, dass die Rechnung von einer berechtigten Person ausgestellt wurde. Die zweite Prüfung umfasst die Steuernummer oder USt-IdNr. des Leistenden. Diese ist auf der Rechnung zu führen (vgl. Seite 71). Fehlt diese, kann der Vorsteuerabzug nicht in Anspruch genommen werden, bis der Mangel durch den Rechnungsaussteller ausgeglichen ist.

Praxis-Tipp:

Ist eine Rechnung mangelhaft, sollte sie erst ausgeglichen werden, wenn der Mangel beseitigt ist. In der Regel reagieren die Lieferanten dann sofort.

Eine Prüfung der Richtigkeit der Steuernummer durch den Leistungsempfänger durch Nachfrage beim Finanzamt wird nicht verlangt und ist auch nicht vorgesehen. Wurde eine falsche Anschrift oder Steuernummer/USt-IdNr. vom Rechnungsaussteller benutzt, wird der Vorsteuerabzug durch das Finanzamt nachträglich nur versagt, wenn festgestellt wird, dass der Leistungsempfänger von dem Mangel wusste oder wissen konnte. Es kommt nicht darauf an, ob der leistende Unternehmer seinen Steuerverpflichtungen gegenüber seinem Finanzamt nachkommt.

Grundsätzlich ist der Leistungsempfänger verpflichtet, alle Angaben einschließlich aller Berechnungen zu prüfen.

Beispiel:

Dem Online-Unternehmer Peter Müller liegen zwei Rechnungen über Warenlieferungen vor:

a) Eine Rechnung des Privatmanns Horst Hausmann. Dieser hat Herrn Müller eine gebrauchte Mikrowelle zum Preis von 100 EUR zzgl. 19 EUR Umsatzsteuer verkauft. Die Umsatzsteuer ist in der Rechnung offen ausgewiesen.

b) Die zweite Rechnung ist vom Lieferanten Josef Neumann (Unternehmer). Auf der Rechnung fehlt dessen Steuernummer.

Zu a): Aus dieser Rechnung erhält Herr Müller keine Vorsteuer, da Herr Hausmann kein Unternehmer ist. Demzufolge mangelt es an der Voraussetzung beim Leistenden. Dieser muss Unternehmer sein.

Zu b): Hier kann der Vorsteuerabzug nicht in Anspruch genommen werden, weil der Unternehmernachweis des Leistenden in Form der Steuernummer fehlt. Dieser Mangel kann aber durch eine korrigierte Rechnung beseitigt werden.

Die Forderung, dass die Lieferung oder sonstige Leistung für das Unternehmen des Leistenden erfolgen muss, macht klar, dass der Vorsteuerabzug grundsätzlich nur für Vorgänge gewährt wird, die der unternehmerischen Ebene zuzuordnen sind. Das heißt, das angeschaffte Gut oder die erhaltene Dienstleistung muss dem Unternehmen dienen.

Beispiel:

Die Online-Unternehmerin Jutta Schmitt kauft bei einem Computer-Händler zwei Laptops zum Preis von jeweils 500 EUR zzgl. 95 EUR Umsatzsteuer (ordnungsgemäße Rechnung liegt vor). Einer der Laptops ist aber nicht für das Unternehmen der Frau Schmitt, sondern für den Sohn bestimmt. Dieser ist nicht in ihrem Unternehmen beschäftigt.

Obwohl eine ordnungsgemäße Rechnung vorliegt, kann Frau Schmitt den Vorsteuerabzug nur für den betrieblich genutzten Laptop beanspruchen, da dieser für das Unternehmen angeschafft wurde. Nicht so der andere Laptop. Demzufolge liegen die Voraussetzungen für den Vorsteuerabzug hier nicht vor.

Zur Aufteilung gemischt genutzter Lieferungen oder sonstiger Leistungen vgl. Vorsteueraufteilung bei gemischter Nutzung, Seite 185.

Vorliegen einer Rechnung

Zuletzt muss eine Rechnung nach den §§ 14, 14a UStG vorliegen. Die geforderten Rechnungsinhalte sind in den Ausführungen zur Rechnung (vgl. Seite 71) beschrieben. Entspricht eine Rechnung nicht den geforderten Formvorschriften, kann das Finanzamt den Vorsteuerabzug bis zur Heilung des Mangels versagen.

Praxis-Tipp:

Eine Rechnung darf nur vom Rechnungsaussteller berichtigt werden. Die Berichtigung durch den Rechnungsempfänger wird vom Finanzamt nicht anerkannt. Einzige Ausnahme sind vom Leistungsempfänger ausgestellte Leistungsabrechnungen in Form von Gutschriften. In diesen Fällen ist der Vorsteuerabzugsberechtigte gleichzeitig auch der Rechnungsaussteller.

Vorsteuerabzug in anderen Fällen

Die allgemeinen Voraussetzungen für den Vorsteuerabzug gelten grundsätzlich für alle Geschäftsvorfälle. Allerdings gibt es davon einige Abweichungen.

Anzahlungen

Hat der Leistungsempfänger eine Anzahlung für eine Lieferung oder sonstige Leistung geleistet, kann für diese Anzahlung in dem Voranmeldezeitraum die Vorsteuer beansprucht werden, in dem die Zahlung des Betrags erfolgt ist. Jedoch müssen Voraussetzungen für den Vorsteuerabzug erfüllt sein.

Einfuhrumsatzsteuer

Wurde ein Gegenstand aus dem Drittland für ein Unternehmen eingeführt und war der Schuldner der Einfuhrumsatzsteuer unterworfen, kann die im dazugehörigen Steuerbescheid ausgewiesene Einfuhrumsatzsteuer als Vorsteuer abgezogen werden. Die Umsatzsteuervoranmeldung weist eine gesonderte Kennziffer auf (Kz. 62), in der die Steuer entsprechend einzutragen ist. Gehört der Gegenstand zum notwendigen Privatvermögen (betriebliche Nutzung unter 10 Prozent), ist der Vorsteuerabzug nicht möglich. Zur Vorsteuer bei gemischter Nutzung siehe nachfolgende Seite, Vorsteueraufteilung bei gemischter Nutzung.

Innergemeinschaftliche Erwerbe

Wurde ein innergemeinschaftlicher Erwerb für das Unternehmen ausgeübt, ist der Erwerb der Umsatzsteuer zu unterwerfen, gleichzeitig besteht der Vorsteuerabzug. Die Höhe des Vorsteuerabzugs richtet sich danach, zu welchem Prozentsatz der Gegenstand dem Unternehmen zum Nutzen bestimmt ist. Unterschreitet die betriebliche Nutzung die 10-Prozent-Grenze (notwendiges Privatvermögen), ist der Vorsteuerabzug ausgeschlossen. Die Vorsteuer kann aber nie höher sein als die entsprechend zu versteuernde Umsatzsteuer aus innergemeinschaftlichen Lieferungen. Die Vorsteuer hieraus ist in der Umsatzsteuervoranmeldung unter der Kennziffer 61 einzutragen.

Steuerschuldner als Leistungsempfänger

Schuldet man gemäß § 13b Abs. 1 UStG die Umsatzsteuer als Leistungsempfänger, besteht hieraus auch der Vorsteuerabzug. Die Höhe des Vorsteuerabzugs richtet sich nach dem Prozentsatz der betrieblichen Nutzung. Auch hier kann der Vorsteuerabzug nicht höher sein als die sich ergebende Umsatzsteuer. Die Vorsteuer hieraus ist in der Umsatzsteuervoranmeldung unter der Kennziffer 67 einzutragen.

Vorsteueraufteilung bei gemischter Nutzung

Wird ein erworbener Gegenstand oder eine sonstige Leistung sowohl für das Unternehmen wie auch für die Zwecke außerhalb des Unternehmens oder für Umsätze, die den Vorsteuerabzug ausschließen, genutzt, kann der Vorsteuerabzug nur für den Teil der Aufwendungen gewährt werden, der betrieblich veranlasst ist (zum betrieblichen Fahrzeug vgl. Seite 94). Entsprechend ist die Vorsteuer in einen abzugsfähigen und einen nichtabzugsfähigen Teil aufzuteilen.

Können die Aufwendungen nicht direkt dem abzugsfähigen und nichtabzugsfähigen Teil zugeordnet werden, ist die Verteilung sachgerecht gemäß dem sogenannten Aufteilungsschlüssel zu schätzen. Der Aufteilungsschlüssel stellt das Verhältnis der betrieblichen Nutzung zur vorsteuerabzugsschädlichen Nutzung dar. Allerdings ist immer der Grundsatz zu beachten, dass die direkte Zuordnung der Aufteilung vorangeht.

Im Zusammenhang mit einem Online-Shop, der in nicht wenigen Fällen von der Wohnung aus geführt wird, kommt die Vorsteueraufteilung doch häufiger vor als vielleicht vermutet. Gemischte Aufwendungen können beispielsweise bei den Aufwendungen für Strom, Telefon oder Internet oder auch bei Computern vorliegen.

Steht das Telefon zu Hause, ergeben sich unterschiedliche Möglichkeiten der Berechnung. Es bietet sich an, den Einzelverbindungsnachweis auszuwerten und genau zuzuordnen, welche Gespräche im Zusammenhang mit dem Online-Shop angefallen sind. Entsprechend können für diese Aufwendungen die Vorsteuern ermittelt und abgezogen werden. Die auf der Telefonrechnung aufgeführten Grundkosten sind dann nach dem Verhältnis von gewerblichen und privaten Gesprächen aufzuteilen. Wer sich den Aufwand ersparen möchte, kann aber auch pauschal 20 Prozent der Telefonkosten als betrieblich veranlasst ansehen. Allerdings darf dieser Betrag nicht höher sein als 20 EUR pro Monat.

Beispiel:

Der Online-Unternehmer Fred Müller betreibt seinen Shop von seiner Wohnung aus. Für den Monat August 2010 erhält er folgende Telefonabrechnung:

Telefongespräche	100,00 EUR
Anschlusskosten etc.	30,00 EUR
Netto	130,00 EUR
Umsatzsteuer 19 %	24,70 EUR
Rechnungsbetrag	**154,70 EUR**

Nach Durchsicht der Rechnung ermittelt er, dass auf die betriebliche Nutzung 75,50 EUR der Nettoaufwendungen entfallen, die restlichen 24,50 EUR auf private Gespräche.

Entsprechend des Grundsatzes der direkten Zuordnung sind 75,50 EUR betrieblich veranlasst. Demzufolge kann die hierauf entfallende Vorsteuer in Höhe von 14,35 EUR beim Finanzamt geltend gemacht werden.

8

Bei den Anschlusskosten ist keine direkte Zuordnung möglich, da sie sowohl für den betrieblichen als auch privaten Bereich angefallen sind. Hier ist ein Aufteilungsschlüssel anhand der Telefongespräche zu ermitteln.

Berechnung:

Telefongespräche (netto)	100,00 EUR =	100 %
davon Privatgespräche	24,50 EUR =	24,5 %
davon betriebliche Gespräche	75,50 EUR =	75,5 %

75,5 % von 30 EUR = 22,65 EUR × 19 % = 4,30 EUR

Aus den allgemeinen Anschlusskosten können 4,30 EUR an Vorsteuern geltend gemacht werden.

Bei den Stromkosten ist, sofern der Online-Shop von der Wohnung aus betrieben wird, eine Aufteilung nach der Nutzfläche vorzunehmen. In diesem Fall ermittelt man die gesamte Nutzfläche der Wohnung (100 Prozent) und ermittelt den prozentualen Anteil des genutzten Büroraums. Der sich hier ergebende Wert ist als betrieblicher Anteil anzusehen.

Kernstück eines Online-Handels ist der Computer. Steht dieser in der Wohnung, so geht man grundsätzlich davon aus, dass dieser sowohl betrieblich als auch privat genutzt wird. Diese Annahme gilt vor allem dann, wenn es sich um den einzigen Computer handelt. Sind mehrere Computer vorhanden, so muss der Unternehmer nachweisen, dass einer der Computer ausschließlich betrieblich genutzt wird. Grundsätzlich wird bei einer gemischten Nutzung davon ausgegangen, dass der betriebliche und private Nutzungsanteil jeweils 50 Prozent betragen (FG Rheinland-Pfalz vom 22.11.2001, 6 K 1024/00). Dies gilt ebenso für die angeschlossenen Geräte (z. B. Monitor, Drucker etc.) wie auch für die allgemeine Software. Schafft man eine spezielle Software an, beispielsweise für die Erstellung eines Online-Shops, sind die Aufwendungen hierfür ausschließlich betrieblich veranlasst. Beträgt der betriebliche Nutzungsanteil für einen Computer nur 50 Prozent, versteht es sich automatisch, dass die Aufwendungen beispielsweise für die Internetkosten (z. B. Internet-Flatrate) nur in Höhe von 50 Prozent betrieblich veranlasst sein können. Gemeint sind hier aber nicht die Aufwendungen für den Server der Webseite. Wird dort nur die eine Seite abgelegt, so sind die Aufwendungen hierzu zu 100 Prozent betrieblich veranlasst. Bei den Ausführungen zur Einnahmenüberschuss-Rechnung werden die Aufwendungen im Zusammenhang mit dem Computer ausführlich beschrieben (siehe Seite 107).

Abzugsverbot

Unabhängig davon, ob die Voraussetzungen erfüllt sind, sind Vorsteuern für Betriebsausgaben nicht abzugsfähig, wenn diese unter das Abzugsverbot nach dem EStG fallen. Dazu zählen insbesondere Aufwendungen für:

- den Haushalt des Steuerpflichtigen und für den Unterhalt seiner Familienangehörigen (§ 12 Nr. 1 EStG)
- die Lebensführung, die die wirtschaftliche oder gesellschaftliche Stellung des Steuerpflichtigen mit sich bringt, auch wenn sie zur Förderung des Berufs oder der Tätigkeit des Steuerpflichtigen erfolgt (§ 12 Nr. 1 EStG)
- Geschenke an eine Person, wenn der Wert der zugewendeten Gegenstände im Kalenderjahr 35 EUR übersteigt (§ 4 Abs. 5 Nr. 1 EStG, vgl. Seite 92)

- Bewirtung, wenn diese Aufwendungen nach der Verkehrsauffassung nicht als angemessen angesehen werden können (§ 4 Abs. 5 Nr. 2 EStG)
- Einrichtungen (z. B. Gästehäuser) des Steuerpflichtigen, soweit sie der Bewirtung, Beherbergung oder Unterhaltung von Personen dienen, die nicht Arbeitnehmer des Steuerpflichtigen sind und sich außerhalb des Orts eines Betriebs des Steuerpflichtigen befinden (§ 4 Abs. 5 Nr. 3 EStG)
- Jagd oder Fischerei, Segeljachten oder Motorjachten sowie ähnliche Zwecke und die hiermit zusammenhängenden Bewirtungen
- andere als die oben genannten, welche die Lebensführung des Unternehmers oder anderer Personen berühren, soweit sie nach der allgemeinen Verkehrsauffassung als unangemessen anzusehen sind

Im Zusammenhang mit den Bewirtungsaufwendungen gibt es zwischen dem EStG und dem UStG eine Abweichung. Nach dem EStG sind nur 70 Prozent der Aufwendungen abzugsfähig. Anders bei der Vorsteuerberechnung, bei der die Vorsteuern zu 100 Prozent beim Finanzamt angemeldet werden.

Ebenfalls vom Vorsteuerabzug ausgeschlossen sind die Vorsteuern aus Einfuhren und innergemeinschaftlichen Erwerben sowie sonstigen Leistungen, wenn diese Lieferungen und Leistungen für folgende Ausgangsumsätze verwendet werden:

- steuerfreie Umsätze
- Umsätze im Ausland, wenn diese im Inland steuerfrei wären

Berechnungsformel

Die Vorsteuer berechnet sich grundsätzlich aus dem Rechnungsbetrag (Bruttobetrag). Die Berechnung kann anhand der Divisionsmethode erfolgen. Der Divisor ergibt sich aus dem anzuwendenden Steuersatz. Bei den beiden bekanntesten Steuersätzen lauten die Divisoren wie folgt:

7 Prozent	=	1,07
19 Prozent	=	1,19

Der Steuerbetrag und das Entgelt berechnen sich wie folgt:

Rechnungsbetrag (z. B.) 3.570 EUR, Steuersatz 19 Prozent:

3.570 : 1,19	=	3.000 EUR	= Entgelt
3.570 ./. 3.000 EUR	=	570 EUR	= Vorsteuer

Soll der Rechnungsbetrag vom Entgelt ausgehend berechnet werden, ist das Entgelt mit dem entsprechenden Divisor zu multiplizieren:

Entgelt × 1,19 = Rechnungsbetrag

Besteuerungsverfahren

Über die gesamten umsatzsteuerlichen Vorgänge eines Kalenderjahres ist bis zum 31.05. des Folgejahres eine Umsatzsteuererklärung beim Finanzamt abzugeben. Innerhalb des Jahres sind allerdings abhängig von der zu zahlenden Umsatzsteuer sogenannte Umsatzsteuervoranmeldungen beim Finanzamt vorzulegen. Dabei ist zu beachten, dass es sich bei der Umsatzsteuer um eine Anmeldesteuer handelt. Das bedeutet, man berechnet die Steuer selbst und muss diese entsprechend sofort bezahlen. Ein Steuerbescheid wird für die Voranmeldezeiträume nur erstellt, wenn das Finanzamt von den angemeldeten Werten abweicht. Hiervon ausgenommen ist die Umsatzsteuerjahreserklärung. Müssen hier noch Beträge entrichtet oder vom Finanzamt erstattet werden, wird zumindest bei der Nachzahlung eine Fälligkeit gesetzt.

Im Jahr der Betriebseröffnung und im Folgejahr müssen die Umsatzsteuervoranmeldungen monatlich bis zum 10. des Folgemonats beim Finanzamt auf dem amtlichen Vordruck vorgelegt werden. Dabei wird verlangt, dass dies auf dem elektronischen Wege über das Programm Elster geschieht. Die notwendige Software ist kostenfrei erhältlich über: www.elster.de

Nach dem Jahr, das auf das Jahr der Betriebseröffnung folgt, das heißt, zwei Jahre nach der Betriebseröffnung, sind die zukünftigen Umsatzsteuer-Voranmeldezeiträume wie folgt zu ermitteln:

Berechnung der Umsatzsteuer-Voranmeldezeiträume

- Beträgt die an das Finanzamt abzuführende Steuer im vorangegangenen Kalenderjahr mehr als 7.500 EUR, sind die Umsatzsteuer-Voranmeldungen monatlich abzugeben.
- Beträgt die Steuer des vorangegangenen Kalenderjahres nicht mehr als 7.500 EUR, aber mehr als 1.000 EUR, sind die Umsatzsteuer-Voranmeldungen nach Kalendervierteln abzugeben.
- Beträgt die Vorjahressteuer nicht mehr als 1.000 EUR, entfallen die Umsatzsteuer-Voranmeldungen. Es ist nur eine Umsatzsteuerjahreserklärung vorzulegen.

Einige Unternehmer, die zum Beispiel relativ viele Auslandsumsätze tätigen, haben ständig einen Vorsteuerüberschuss und kommen deshalb nicht zu einem positiven Steuerbetrag. In diesen Fällen ist der Umsatz steuerfrei, der Vorsteuerabzug bleibt aber bestehen. Ähnliches gilt, wenn hohe Investitionen getätigt wurden, bei denen es möglicherweise neben den Vorsteuern aus Wareneinkäufen zu hohen Vorsteuern aus Anschaffungen von Anlagevermögen gekommen ist. Hielte man starr an der 1.000-EUR-Grenze fest, könnte man erst nach Vorlage der nächsten Umsatzsteuerjahreserklärung in den Genuss der Erstattung kommen.

Liegt ein derartiger Erstattungsfall im Vorjahr vor, kann grundsätzlich im Folgejahr der Voranmeldezeitraum des Kalendervierteljahres beansprucht werden. Dies teilt man dem Finanzamt durch die Abgabe der Umsatzsteuer-Voranmeldung für das 1. Kalendervierteljahr bis zum 10.04. mit. Beträgt der Erstattungsbetrag des Vorjahres mehr als 7.500 EUR, ist der Kalendermonat als Voranmeldezeitraum wählbar. Das Wahlrecht übt man über die Abgabe der Umsatzsteuervoranmeldung für den Monat Januar bis zum 10.02. aus.

Wie bereits erwähnt, sind die Umsatzsteuer-Voranmeldungen immer bis zum 10. des Folgemonats abzugeben (bei Kalendervierteln der 10.04., 10.07., 10.10. und 10.01.). Durch Abgabe eines sogenannten Dauerfristverlängerungsantrags kann dieser Abgabetermin um genau einen Monat auf den 10. des nächsten Monats verschoben werden. Damit hat man einen Monat mehr Zeit, die Daten für die Umsatzsteuer-Voranmeldungen zu ermitteln.

Allerdings ist der Antrag nicht ganz kostenlos, sondern es ist 1/11 des Steuerbetrags des Vorjahres als Sondervorauszahlung an das Finanzamt abzuführen. Diese Sondervorauszahlung wird dann in der letzten Umsatzsteuer-Voranmeldung des Kalenderjahres angerechnet. Somit geht sie nicht verloren, bis auf vielleicht ein paar Zinsen. Ist die Vorjahressteuer 0 EUR oder haben sich nur Erstattungen ergeben, ist eine entsprechende Null-Euro-Anmeldung abzugeben.

Bei der Berechnung der Dauerfristverlängerung ist zu berücksichtigen, dass die Sondervorauszahlung des Vorjahres aus der Berechnungsgrundlage heraus gerechnet werden muss.

Beispiel:

Der Online-Unternehmer Günter Groß betreibt seit zwei Jahren seinen Online-Shop. Für das Jahr 2010 möchte er eine Dauerfristverlängerung beantragen. Im Kalenderjahr 2009 betrug die Umsatzsteuerzahllast insgesamt 5.500 EUR. Eine Sondervorauszahlung für 2009 wurde nicht geleistet.

Berechnung der Sondervorauszahlung für 2010:

5.500 EUR × 1/11 = 500 EUR

Herr Groß muss demnach einen Dauerfristverlängerungsantrag mit der Sondervorauszahlung in Höhe von 5.000 EUR am 10.02. des Jahres anmelden.

Hat ein Unternehmer seine Tätigkeit nicht während des gesamten Vorjahreszeitraums ausgeführt, weil er sein Unternehmen erst im Verlauf dieses Vorjahres eröffnet hat, muss er die voraussichtliche Steuerlast auf das Kalenderjahr hochrechnen. Das Ergebnis bildet dann die Berechnungsgrundlage für das 1/11. Ein angefangener Monat ist zu berücksichtigen.

Beispiel:

Herr Groß hat sein Unternehmen im April 2009 eröffnet. Die Umsatzsteuerzahllast für den Zeitraum April 2009 bis Dezember 2009 beläuft sich auf 4.000 EUR.

Nach der Berechnungsregel muss Herr Groß so tun, als ob der Gewerbebetrieb bereits im Januar 2009 eröffnet worden wäre. Es bietet sich an, den monatlichen Durchschnitt aus den Zahllasten der Monate April bis Dezember zu ermitteln und diesen pro fehlendem Kalendermonat anzusetzen.

Berechnung:

4.000 EUR : 9 Monate = 444 (Durchschnitt Monat)
444 EUR × 3 Monate (Januar bis März) = 1.332 EUR

Berechnung des 1/11:

4.000 EUR + 1.332 EUR = 5.332 EUR × 1/11 = 485 EUR

Wurde das Unternehmen im laufenden Jahr eröffnet und will man für dieses Jahr eine Dauerfristverlängerung beanspruchen, ist die voraussichtliche Steuer bis zum Ende des Kalenderjahres vom Unternehmer sachlich zu schätzen. Dabei soll die Sondervorauszahlung den geschätzten Durchschnitt eines Kalendermonats betragen. Sollte man sich bei der Schätzung verschätzt haben, ist dies nicht von Bedeutung.

Beispiel:

Herr Groß hat seinen Online-Shop im Juni 2010 eröffnet und begehrt für dieses Jahr noch die Dauerfristverlängerung.

Da zum Zeitpunkt der Eröffnung noch keine Umsätze vorliegen, muss Herr Groß seine voraussichtliche Zahllast für den Teil des Jahres (Juni 2010 bis Dezember 2010) schätzen. Herr Groß rechnet mit einem Nettoumsatz für diesen Zeitraum in Höhe von 25.000 EUR. Im Zusammenhang mit den Aufwendungen aus Betriebskosten und Wareneinkauf rechnet er mit einer Vorsteuer in Höhe von 2.000 EUR.

Berechnung der Sondervorauszahlung:

geschätzter Nettoumsatz	25.000 EUR
darauf Umsatzsteuer 19 %	4.750 EUR
./. geschätzte Vorsteuer	2.000 EUR
geschätzte Zahllast an das Finanzamt	2.750 EUR

durchschnittliche Zahllast pro Monat:
2.750 EUR : 7 Monate (Juni – Dezember) = 393 EUR

Die Sondervorauszahlung für den Rest des Kalenderjahres 2010 beträgt somit 393 EUR.

Die Dauerfristverlängerung ist auf einem amtlichen Vordruck ebenfalls auf elektronischem Weg abzugeben. Unternehmer, die Umsatzsteuervoranmeldungen nach Kalendervierteln einreichen, können unabhängig von der Steuer eine Null-Euro-Anmeldung abgeben. Hier ist kein Sondervorauszahlungsbetrag vorgesehen.

Die Gewerbesteuer

Grundsätzliches

Wird ein Unternehmen betrieben, kann es auch zu einer Gewerbesteuerbelastung kommen. Diese Steuerart kommt den Gemeinden direkt zugute. Anhand der beim Finanzamt eingereichten Gewinnermittlung und Gewerbesteuererklärung ermittelt das Finanzamt eine sogenannte Steuermesszahl. Die zur Besteuerung berechtigte Gemeinde multipliziert den vom Finanzamt ermittelten Steuermessbetrag mit dem von der Gemeinde selbst festgesetzten Hebesatz. Hieraus ergibt sich dann die an die Gemeinde zu entrichtende Gewerbesteuer.

Zuständig für die Besteuerung ist immer die Gemeinde, in der sich die Betriebsstätte befindet. Steuerschuldner ist immer der Unternehmer, für dessen Rechnung der Gewerbebetrieb betrieben wird.

Ermittlung der Gewerbesteuer

Unter der Annahme, dass der Existenzgründer eines Online-Shops zunächst als Einzelunternehmer auftritt, ermittelt sich die Gewerbesteuer wie folgt:

Ermittlung der Gewerbesteuer	
	Gewinn aus Gewerbebetrieb
+	Gewerbesteuer-Vorauszahlungen des Berechnungsjahres
+	Hinzurechnungen
./.	Kürzungen
=	Gewerbeertrag vor Verlustabzug
./.	Gewerbeverlust aus Vorjahren
=	Gewerbeertrag (abzurunden auf volle 100 EUR)
./.	Freibetrag von 24.500 EUR
=	Gewerbeertrag
×	Steuermesszahl
=	Steuermessbetrag
×	Hebesatz der Gemeinde
=	**Gewerbesteuer**

Von der ermittelten Gewerbesteuer können die geleisteten Gewerbesteuer-Vorauszahlungen abgezogen werden.

Gewinn

Der maßgebliche Gewinn ergibt sich aus der angefertigten Einnahmenüberschuss-Rechnung (vgl. Seite 113).

Hinzurechnungen

Dem Gewinn aus der Einnahmenüberschuss-Rechnung sind jedoch Teile von Aufwendungen hinzuzurechnen, die bei der Ermittlung des Gewinns als Betriebsausgabe von den Betriebseinnahmen abgezogen worden waren. Dabei handelt es sich zum Beispiel um ein Viertel der Entgelte für Schulden, ein Fünftel der Miet- und Pachtzinsen für die im Eigentum anderer stehenden unbeweglichen Wirtschaftsgüter oder die Hälfte der Miet- und Pachtzinsen für bewegliche Wirtschaftsgüter. Allerdings muss die Summe der berechneten Beträge 100.000 EUR übersteigen. Das ist bei einem Existenzgründer selten der Fall, jedoch auch nicht undenkbar. Allerdings sollte man sich dann in die Hände eines Steuerberaters begeben.

	Hinzurechnungen
	Zinsen und andere Entgelte für Schulden
+	Rentenzahlungen und dauernde Lasten
+	Gewinnanteile stiller Gesellschafter
+	1/5 der Mieten und Pachten für bewegliche Wirtschaftsgüter
+	1/2 der Mieten und Pachten für unbewegliche Wirtschaftsgüter
+	1/4 der Entgelte für Rechteüberlassungen
=	Summe der Finanzierungsentgelte
./.	Freibetrag von 100.000 EUR
=	Zwischensumme
×	25 %
=	**Hinzurechnungen aus Finanzierungsentgelten**

Es sind noch weitere Hinzurechnungsbeträge möglich, doch da diese bei Existenzgründern nicht zum Tragen kommen, werden sie an dieser Stelle außer Acht gelassen.

Kürzungen

Neben den Hinzurechnungen gibt es auch Kürzungen, die vom ermittelten Gewinn vorzunehmen sind. Hierbei geht es im Wesentlichen darum, durch die Kürzungen Mehrfachbelastungen aufgrund anderer Steuerarten zu vermeiden.

Kürzungen	
	1,2 Prozent des Einheitswertes des zum Betriebsvermögen gehörenden Grundbesitzes
+	Gewinnanteile aus einer in- oder ausländischen Mitunternehmerschaft
+	Dividenden einer inländischen Kapitalgesellschaft (Mindestbeteiligung 15 Prozent)
+	Gewerbeertrag einer ausländischen Betriebsstätte
+	Dividenden einer ausländischen Kapitalgesellschaft (mindestens 15 Prozent)
+	Förderungen steuerbegünstigter Zwecke (maximal bis zu den Höchstbeträgen)
+	Dividenden ausländischer Kapitalgesellschaften (abhängig von Doppelbesteuerungsabkommen)

Auch diese Kürzungen haben nur wenig bis keine Bedeutung bei einem neu gegründeten Unternehmen.

Steuermessbetrag

Nach Hinzurechnungen und Kürzungen zum beziehungsweise vom Gewinn ergibt sich der Gewerbeertrag vor Verlustabzug. Hiervon ist dann der Gewerbeverlust aus Vorjahren abzuziehen. Im Jahr der Existenzgründung ergibt sich dieser nicht, jedoch könnte er in den Folgejahren anfallen, wenn das Unternehmen doch nicht so erfolgreich ist. Nach Abzug möglicher Gewerbeverluste vom zuvor ermittelten Gewerbeertrag vor Verlustabzug erhält man im Ergebnis den jetzt maßgeblichen Gewerbeertrag. Das Ergebnis ist an dieser Stelle auf volle 100 EUR abzurunden.

Von dem ermittelten Gewerbeertrag können natürliche Personen (Einzelunternehmer) und Personengesellschaften pauschal einen Freibetrag von 24.500 EUR abziehen (§ 11 Abs. 1 Nr. 1 GewStG). Das sich hieraus ergebende Ergebnis wird nun mit der Steuermesszahl multipliziert. Nach einer früheren Staffelung ist diese seit 2008 allgemein mit 3,5 Prozent festgesetzt worden (§ 11 Abs. 2 GewStG). Das Ergebnis bildet den Steuermessbetrag. Hierüber erhält man einen entsprechenden Gewerbesteuermessbescheid.

Beispiel:

Die Online-Unternehmerin Emilie Müller aus Essen hat in 2010 einen steuerlichen Gewinn in Höhe von 30.000 EUR erzielt. Hinzurechnungen oder Kürzungen ergeben sich nicht.

Berechnung des Steuermessbetrags:

Gewinn	30.000 EUR
./. Kürzungen	0 EUR
+ Hinzurechnungen	0 EUR
= Gewerbeertrag vor Verlustabzug	30.000 EUR
./. Freibetrag	24.500 EUR
= Gewerbeertrag	5.500 EUR
× Steuermesszahl	3,5 %
= Steuermessbetrag	**192,50 EUR**

Der vom Finanzamt berechnete Steuermessbetrag wird der für die Besteuerung berechtigten Gemeinde mitgeteilt. Diese ist nun berechtigt, die Gewerbesteuer zu erheben, ist dazu aber nicht verpflichtet.

Zur Ermittlung der Gewerbesteuer wird der vom Finanzamt mitgeteilte Steuermessbetrag mit dem Hebesatz der Gemeinde multipliziert. Die Hebesätze sind von Gemeinde zu Gemeinde unterschiedlich, da die Gemeinden allein für die Erhebung der Gewerbesteuer zuständig sind. Es bleibt ihnen überlassen, ob und in welcher Höhe sie die Gewerbesteuern erheben. Die Hebesätze betragen beispielsweise für die Stadt Berlin 410 Prozent, Hamburg 470 Prozent, Essen 470 Prozent und München 490 Prozent.

Beispiel:

Entsprechend des im obigen Beispiel ermittelten Steuermessbetrags berechnet sich die Gewerbesteuer der Stadt Essen wie folgt:

192,50 EUR × 470 % = 904,75 EUR

Frau Müller muss demnach 904,75 EUR an Gewerbesteuern zahlen.

Die Hebesätze der einzelnen Gemeinden können in aller Regel über die Webseiten der jeweiligen Gemeinde abgerufen werden.

Kein Betriebsausgabenabzug

Die Gewerbesteuer kann seit 2008 nicht mehr als Betriebsausgabe bei der Ermittlung des Gewinns abgezogen werden. Das bedeutet aber nicht, dass sich die Gewerbesteuer gar nicht auf die Steuerbelastung auswirkt, denn sie kann auf die Einkommensteuer angerechnet werden. Dies erfolgt bei Einzelunternehmern dadurch, dass das 3,8-fache des ermittelten Gewerbesteuermessbetrags auf die Einkommensteuer angerechnet wird. Da die Gemeinden aber die Gewerbesteuer selbst erheben, ist es möglich, dass der Gewerbesteuermessbetrag höher ist als die Gewerbesteuer. Damit es hier nicht zu einer Übervorteilung kommt, kann maximal die gezahlte Gewerbesteuer angerechnet werden.

Praxis-Tipp:

Der Steuermessbetrag wird vom Finanzamt ermittelt. Sollte die Berechnung fehlerhaft sein, müssen Sie sich an das entsprechende Finanzamt wenden. Wer einen Einspruch gegen die Ermittlung der Steuermesszahl einlegen will oder sogar muss, macht dies bei dem Finanzamt, das den Gewerbesteuermessbescheid erlassen hat.

Arbeitshilfen und Muster

Abschreibungstabelle

Bei dieser Tabelle handelt es sich um einen Auszug aus der AfA-Tabelle. Die Aufführung aller in der vollständigen Tabelle aufgeführten Wirtschaftsgüter ist wegen des Umfangs eines Online-Shops nicht erforderlich. Entsprechend werden hier nur die wesentlichen Anlagegüter aufgeführt.

Anlagegüter	Nutzungsdauer in Jahren
Anhänger	11
Bildschirme	3
Büromöbel	13
Computer, Personal	3
Drucker	3
Faxgeräte	6
Fernseher	7
Handy	5
Hubwagen	8
Kameras	7
Kopiergeräte	7
Kraftwagen, Personen	6
Laptops	3
Monitore	7
Notebooks	3
Scanner	3
Teppiche (normal)	8

EU-Mitgliedstaaten

Folgende Mitgliedstaaten gehören der EU an:

Belgien (BE), Bulgarien (BG), Dänemark (DK), Deutschland (DE), Estland (EE), Finnland (FI), Frankreich (FR), Griechenland (GR), Irland (IE), Italien (IT), Lettland (LV), Litauen (LT), Luxemburg (LU), Malta (MT), Niederlande (NL), Österreich (AT), Polen (PL), Portugal (PT), Rumänien (RO), Schweden (SE), Slowakei (SK), Slowenien (SI), Spanien (ES), Tschechien (CZ), Ungarn (HU), Großbritannien (GB), Zypern (CY)

Muster-AGB für einen Online-Shop

Bei den nachfolgenden Ausführungen handelt es sich um einen Leitfaden ohne Anspruch auf Vollständigkeit. Er soll bei der Erstellung eigener AGB helfen. Dem Käufer dieses Ratgebers wird gestattet, diese oder Teile dieser AGB für seine eigene AGB zu nutzen.

Allgemeine Geschäftsbedingungen (AGB)

1. Geltungsbereich und Begriffsbestimmungen

Diese AGB gelten für die Geschäftsbeziehung zwischen dem Online-Shop-Betreiber, der Firma ... (nachfolgend Online-Shop) und dem Kunden (nachfolgend Verbraucher) genannt. Die AGB können vom Verbraucher jederzeit auf der Webseite des Online-Shops unter der Webadresse www...... (genaue Seitenanschrift) abgerufen und ausgedruckt oder vom Verbraucher auf dessen Computer gespeichert werden.

2. Zustandekommen des Vertrags

Verträge zwischen dem Online-Shop ... und dem Verbraucher kommen wie folgt zustande:

Die Waren können durch Übersendung einer E-Mail an die Anschrift ... oder über die Warenkorbfunktion des Online-Shops bestellt werden. Nach erfolgtem Einloggen auf der Webseite wird zunächst das Warensortiment aufgezeigt. Entscheidet man sich für eine Ware, kann diese über den Link *In den Warenkorb* im Warenkorb des Online-Shops abgelegt werden. Dieser Vorgang kann mehrfach wiederholt werden.

Ist die Auswahl des Verbrauchers beendet, kann der Link *Warenkorb* angeklickt werden. Man gelangt in den Warenkorb, dort werden die zuvor ausgewählten Waren in tabellarischer Reihenfolge mit ihrem Preis inklusive Umsatzsteuern, den dazugehörigen Nebenkosten und Versandkosten dargestellt. Im Warenkorb werden die Waren grundsätzlich mit der Bestellmenge 1 angegeben. Will man die Menge oder die bestellte Ware ändern, kann dies durch Anklicken des Links *Bestellung ändern* vorgenommen werden. Soll die Bestellung nicht durchgeführt werden, kann der Bestellvorgang durch einen Mausklick auf den Link *Bestellung abbrechen* abgebrochen werden. In diesem Fall wird die Bestellung gelöscht. Soll die Bestellung durchgeführt werden, geschieht dies per Mausklick auf dem Link *Bestellung absenden*.

Fortsetzung: Allgemeine Geschäftsbedingungen (AGB)

Nachdem der Link *Bestellung absenden* betätigt wurde, gelangt man auf die Seite Rechnungsdaten. Hier müssen die für die Durchführung notwendigen Daten vom Verbraucher eingegeben werden. Zur Einhaltung der Datenschutzbestimmungen siehe Datenschutzerklärung auf dieser Webseite (www......). Sind die Rechnungsdaten vom Verbraucher eingegeben, muss die Eingabe über den Link *Weiter* bestätigt werden. Danach werden nochmals alle Rechnungsdaten zur Kontrolle angezeigt. Ist ein Fehler enthalten, kann durch einen Mausklick auf den Link *Daten ändern* eine Berichtigung durchgeführt werden. Weiterhin kann an dieser Stelle nochmals der gesamte Bestellvorgang durch einen Mausklick auf dem Link *Bestellung abbrechen* ohne Speicherung beendet werden. Soll die Bestellung fortgesetzt werden, erfolgt dies durch einen Mausklick auf dem Link *Weiter*.

Auf der danach folgenden Seite wird der Verbraucher aufgefordert, diese AGB zu akzeptieren. Dies erfolgt über einen Mausklick auf den Link *AGB akzeptiert*. Will der Verbraucher die AGB nicht akzeptieren, ist der Link *AGB werden nicht akzeptiert* anzuklicken. In diesem Fall wird der Bestellvorgang ohne Speicherung beendet. Wurden die AGB akzeptiert, erfolgt die Menüführung zur Datenschutzerklärung dieses Online-Shops. Hier ist über den Link *Ich willige der Verarbeitung meiner Daten ein* die Kenntnisnahme der Datenschutzerklärung zu bestätigen.

Die AGB und Datenschutzerklärung können jederzeit ausgedruckt oder auf dem Computer des Verbrauchers gespeichert werden.

Nach der Datenschutzerklärung erfolgt die Menüsteuerung auf die Zahlungsmodalitäten (siehe hierzu Punkt 3 dieser AGB). Nach Eingabe der Zahlungsart und Bestätigung wird die Bestellung über den Mausklick *Bestellung absenden* dem Online-Shop zugeleitet. Der Bestellvorgang ist beendet.

Nach Eingang der Bestellung auf den Server dieses Online-Shops erhält der Verbraucher eine Eingangsbestätigung. Diese Eingangsbestätigung stellt keine Annahme des Kaufvertrags dar.

Der Kaufvertrag kommt zustande, wenn die bestellte Ware an den Verbraucher verschickt wurde. Über den Versand erfolgt eine gesonderte Mitteilung per E-Mail. Der Vertrag gilt spätes-

Fortsetzung: Allgemeine Geschäftsbedingungen (AGB)

tens als angenommen, wenn die Ware beim Verbraucher angeliefert wurde.

Der Vertrag wird vom Online-Shop gespeichert. Der Verbraucher kann diesen nach der Absendung der Bestellung nicht mehr auf der Webseite einsehen, allerdings wird dieser im Rahmen der Versandbestätigung in Textform per E-Mail übermittelt.

3. Zahlungsmodalitäten

Die auf der Webseite enthaltenen Preise beinhalten die Umsatzsteuer und bis auf die Liefer- oder Versandkosten alle weiteren Kosten. Die Liefer- und Versandkosten ergeben sich aus der auf der Webseite (www......) dargestellten Tabelle. Die jeweilige Höhe der Liefer- oder Versandkosten werden beim Bestellvorgang beigestellt.

Der Rechnungspreis ist per Vorkasse innerhalb von 5 Tagen nach Abgabe der Bestellung an unser auf der Bestellbestätigung angegebenes Geschäftskonto unter Angabe der aufgeführten Rechnungsnummer zu überweisen (siehe auch Punkt 4 dieser AGB). Eine Zahlung über ein Paypal-Konto ist möglich.

4. Lieferbedingungen

Hat der Verbraucher die Bestellung abgesendet und unser Online-Shop die Bestellung bestätigt, erfolgt unmittelbar nach Zahlungseingang des vollständigen Rechnungsbetrags die Auslieferung der Ware. Der Online-Shop nimmt keine Reservierungen von Waren vor. Falls die Ware zum Zeitpunkt der vollständigen Zahlung wegen eines Ausverkaufs nicht mehr vorhanden sein sollte, wird der Verbraucher über die Verlängerung der Lieferfrist benachrichtigt.

Kann der Online-Shop ohne eigenes Verschulden die Lieferung der bestellten Ware nicht durchführen, ist er dem Verbraucher gegenüber zum Rücktritt berechtigt. Ein solcher Fall liegt vor, wenn der Lieferant des Online-Shops nicht mehr liefert, die Bestellung des Online-Shops aber noch vor Abschluss des Vertrags mit dem Verbraucher dort eingegangen ist. Die erbrachten Gegenleistungen sind umgehend an den Verbraucher zu erstatten.

Tritt beim Online-Shop ein von ihm nicht zu vertretendes unvorhergesehenes Ereignis ein, das den Online-Shop oder dessen

Fortsetzung: Allgemeine Geschäftsbedingungen (AGB)

Lieferanten an einer rechtzeitigen Lieferung hindert (z. B. Krieg, Naturkatastrophen und höhere Gewalt), verlängert sich die Lieferfrist angemessen. Der Verbraucher wird hierüber umgehend informiert. Sich hieraus ergebende gesetzliche Ansprüche des Verbrauchers bleiben unberührt.

5. Sprache

Im Online-Shop wird ausschließlich die deutsche Sprache angewandt.

6. Eigentumsvorbehalt

Die Ware bleibt bis zur vollständigen Zahlung im Eigentum des Online-Shops.

7. Widerrufsbelehrung

(Hier kann die für den Online-Shop erstellte Widerrufsbelehrung eingefügt werden. **Wichtig:** Diese muss in **Fettschrift** gespeichert werden.)

Der Verbraucher hat die Kosten der Rücksendung zu tragen, wenn die gelieferte Ware der bestellten entspricht und wenn der Preis der zurückzusendenden Sache den Betrag von 40 EUR nicht übersteigt. Dies gilt auch, wenn der Verbraucher bei einem höheren Preis der Sache zum Zeitpunkt des Widerrufs noch nicht die Gegenleistung oder eine vertraglich vereinbarte Teilzahlung erbracht hat. In den anderen Fällen ist die Rücksendung für den Verbraucher kostenfrei.

8. Rücktrittsbelehrung (falls gewollt)

(Hier kann die für den Online-Shop erstellte Rücktrittsbelehrung eingefügt werden. **Wichtig:** Diese muss in **Fettschrift** gespeichert werden.)

9. Gewährleistung

Die Gewährleistungsfrist bei neuen Waren endet nach zwei Jahren. Bei gebrauchten Waren endet die Gewährleistungsfrist nach einem Jahr. Des Weiteren gelten die gesetzlichen Bestimmungen zu den Gewährleistungsrechten.

10. Bildschirmdarstellungen

Bei den auf den Webseiten des Online-Shops verwendeten Bildern von Waren handelt es sich um Beispielfotos von dem Produkt. Das Originalprodukt wird somit nicht naturgetreu dargestellt. Die Bilder dienen der Veranschaulichung und Ver-

Fortsetzung: Allgemeine Geschäftsbedingungen (AGB)

deutlichung. Aufgrund unterschiedlicher Bildschirmeinstellungen kann es vor allem zu Farbabweichungen kommen. Maßgeblich sind immer die Angaben in der Artikelbeschreibung.

11. Haftung

Der Online-Shop haftet uneingeschränkt:

- für Schäden des Verbrauchers, wenn diese auf vorsätzlichem oder grob fahrlässigem Verhalten begründet sind
- für Personenschäden und Schäden nach dem Produkthaftungsgesetz
- Schäden, die durch die Erfüllungsgehilfen des Online-Shops verursacht worden sind

Die Haftung wird wie folgt beschränkt:

Beruht der Schaden auf einer leichten Fahrlässigkeit, haftet der Online-Shop nur dann, wenn die Pflichten zur ordnungsgemäßen Durchführung des Vertrags verletzt wurden und der Verbraucher auf die Einhaltung dieser Pflichten vertrauen durfte.

Beruht der Schaden auf einer einfachen Fahrlässigkeit, ist die Haftung des Online-Shops auf typischerweise vorhersehbare Schäden begrenzt. Die Haftungssumme ist auf maximal 5 Prozent des im betroffenen Vertrag vereinbarten Gesamtpreises beschränkt.

Die vorgenannten Haftungsbeschränkungen gelten auch für die Erfüllungsgehilfen des Online-Shops.

§ 284 BGB für die Begrenzung der Ersatzpflicht für vergebliche Aufwendungen findet Anwendung.

12. Datenschutz

(Hier kann die für den Online-Shop erstellte Datenschutzerklärung eingefügt werden. **Wichtig:** Diese muss in **Fettschrift** gespeichert werden.)

13. Schlussbestimmungen

Auf diese AGB und die vertraglichen Beziehungen zwischen dem Online-Shop und dem Verbraucher findet das Recht der Bundesrepublik Deutschland unter Ausschluss des UN-Kaufrechts Anwendung. Für Verbraucher mit gewöhnlichem Aufenthalt im Ausland ist das Recht der Bundesrepublik Deutschland nur anzuwenden, wenn der Verbraucher nicht dem gesetzlichen Schutz entzogen wird.

Fortsetzung: Allgemeine Geschäftsbedingungen (AGB)

Sofern einzelne Bestimmungen dieser AGB unwirksam sind, bleiben die übrigen Bestimmungen dieser AGB bestehen.

Hinweise zu den AGB im Zusammenhang mit eBay

Wie bei den Ausführungen zum Thema „Besonderheiten bei eBay" bereits beschrieben, kann der Unternehmer in seinen eigenen AGB auch auf die Regelungen der eBay-AGB, die auch vom Verbraucher als eBay-Mitglied akzeptiert wurden, verweisen. Die obige Muster-AGB (Seite 201) müsste in folgendem Punkt geändert werden:

2. Zustandekommen des Vertrags

Verträge zwischen dem Online-Shop (Anbieter) und dem Verbraucher (Bieter) kommen nach den Regelungen der AGB von eBay zustande. Die AGB sind abrufbar unter dem Link:

http://pages.ebay.de/help/policies/user-agreement.html

In den §§ 9, 10 und 11 der eBay-AGB ist genau geregelt, wie ein Kaufvertrag zwischen Anbieter und Bieter zustande kommt. Die dortigen Regelungen sind Gegenstand dieser AGB.

Es wird nochmals darauf hingewiesen, dass das Einstellen von Angeboten durch den Anbieter grundsätzlich ein verbindliches Angebot darstellt. Der Kaufvertrag zwischen Anbieter und Bieter kommt zustande, wenn

- im Falle einer Versteigerung der Bieter nach Ablauf der Bieterfrist das Höchstgebot abgegeben hat. Das Gebot wird jeweils verbindlich, wenn der Bieter per Mausklick auf den Links *Bieten* geklickt hat und nach nochmaliger Nachfrage, durch erneutes Klicken das Gebot bestätigt.
- im Falle des Sofort-Kaufs der Bieter auf den Link *Sofort kaufen* klickt und den Kauf nach nochmaliger Nachfrage per Mausklick bestätigt.
- im Falle eines Angebots mit Preisvorschlag muss der Bieter einen Preis vorschlagen und über den Link *Preis vorschlagen* seinen Vorschlag an den Anbieter senden. Der Kaufvertrag

Fortsetzung: Hinweise zu den AGB im Zusammenhang mit eBay

kommt zustande, wenn der Anbieter diesen Preisvorschlag per Mitteilung an den Bieter annimmt.

Eine Korrektur von Eingabefehlern kann nur vor der nochmaligen Gebotsbestätigung erfolgen. Wurde das Gebot bestätigt, ist dies für den Bieter verbindlich.

Auch hier handelt es sich um ein Muster ohne Anspruch auf Vollständigkeit. Es muss durch den Anbieter einer Webseite geprüft werden, inwieweit seine AGB ausreichend sind. Eine Rechtsberatung wird stets empfohlen.

Muster: Datenschutzerklärung

Es handelt sich hier um ein Muster einer Datenschutzerklärung ohne Anspruch auf Vollständigkeit. Der Anbieter einer Webseite muss prüfen, inwieweit seine Datenschutzerklärung ausreichend ist. Es wird immer eine Rechtsberatung empfohlen. Dem Käufer dieses Ratgebers wird gestattet, diese oder Teile dieser Datenschutzerklärung für seine eigene Datenschutzerklärung zu nutzen.

Datenschutzerklärung

Der Firma ... (im Folgenden Online-Shop genannt) liegt sehr viel am Schutz ihrer persönlichen Daten. Aus diesem Grunde beachten wir auch den gesetzlichen Datenschutz und die dazugehörigen Datenschutzbestimmungen. Diese ergeben sich unter anderem aus dem Bundesdatenschutzgesetz (BDSG) und dem Telemediengesetz (TMG). Weiterhin finden alle weiteren Datenschutzbestimmungen bei uns Anwendung. Wir behandeln Ihre persönlichen Daten vertraulich und mit größter Sorgfalt.

Bestandsdaten

Zur Abwicklung des Kaufvertrags werden von uns sogenannte Bestandsdaten erhoben. Es handelt sich hierbei insbesondere um Ihren Namen, Anschrift, Geburtsdatum, Telefonnummer, E-Mail-Adresse und Bankverbindung. Diese Daten werden unter Beachtung der Vorschriften des BDSG und TMG von uns gespeichert und verarbeitet. Die Bestandsdaten werden nach Erfüllung des Kaufvertrags gesperrt und nach der Erfüllung unserer steuer-

Fortsetzung: Datenschutzerklärung

und handelsrechtlichen Aufbewahrungspflichten von uns gelöscht.

Die von uns gespeicherten Bestandsdaten werden an Dritte nur insoweit weitergegeben, wie es der Vertragserfüllung dienlich ist. Dies bezieht sich auf die Lieferanschrift für das von uns beauftragte Versandunternehmen sowie auf die Bankverbindung für den Einzug des Kaufpreises durch das von uns beauftragte Kreditinstitut. Es werden hierzu nur die jeweils notwendigen Daten an die jeweiligen Erfüllungsgehilfen übermittelt.

Nutzerdaten

Neben den Bestandsdaten werden nach dem Einloggen auf unserer Webseite auch sogenannte Nutzerdaten erhoben. Es handelt sich hierbei um Daten, die erforderlich sind, den Datenfluss zu gewährleisten. Nutzerdaten sind beispielsweise Browserdaten, Betriebssystemdaten, die URL der letzten besuchten Seite und die Uhrzeit.

Die erhobenen Nutzerdaten können von uns nicht bestimmten Personen zugeordnet werden. Eine elektronische Zusammenführung der Daten mit den Bestandsdaten erfolgt nicht ohne Ihre ausdrückliche Einwilligung.

Cookies

Wir nutzen zur statistischen Erfassung von Informationen sogenannte Cookies. Cookies sind kleine Textdateien, die nach dem Einloggen auf unserer Webseite automatisch auf Ihrem Computer gespeichert werden. Sie dienen dazu, Informationen über Ihr Betriebssystem, Browseradresse, abgerufene Webseiten, Zeit und Dauer der Webseitennutzung zu erfassen. Wenn Sie der Speicherung unserer Cookies nicht zustimmen, können Sie über den von Ihnen verwendeten Internetbrowser die Speicherung der Cookies ausschalten.

(Werden Cookies nicht benutzt, sollte hier darauf hingewiesen werden: „Auf die Nutzung von Cookies wird von uns verzichtet.“)

Auskunfts- und Widerrufsrechte

Wenn Sie das wünschen, erhalten Sie jederzeit eine Auskunft über die bei uns gespeicherten Daten. Wende Sie sich dabei an folgende E-Mail-Adresse: ...@... Gründe für das Auskunftsverlan-

Fortsetzung: Datenschutzerklärung

gen brauchen nicht genannt zu werden. Weiterhin stehen wir Ihnen jederzeit für Fragen rund um den Datenschutz und die Verwendung der von uns gespeicherten Daten zur Verfügung.

Sie haben jederzeit das Recht, die erhobenen Daten von uns löschen zu lassen. Des Weiteren haben Sie das Recht, der Erhebung von Nutzerdaten zu widersprechen. Auch hier ist keine Begründung Ihrerseits erforderlich.

Kontaktadresse

Fa. ...
Straße
Postleitzahl Stadt
Telefonnummer oder/und E-Mail-Adresse
Kontaktperson

Muster: Information gemäß Art. 246 § 3 EGBGB

Die verlangte Informationspflicht gegenüber dem Verbraucher kann wie folgt erfüllt werden. Es handelt sich hier um ein Muster, das beliebig verkürzt oder erweitert werden kann. Maßgeblich sind die eigenen Bedürfnisse.

Information über das Zustandekommen eines Online-Vertrags

10

1. Die auf der Webseite angebotenen Waren stellen kein verbindliches Angebot dar.
2. Wenn ein Kunde Waren aus dem Angebot beziehen möchte, muss hierfür ein entsprechendes Angebot abgegeben werden. Dies kann erfolgen:

   a) über die Warenkorbfunktion der Webseite

   b) per E-Mail an die Adresse: *mustermann@internet.de*
3. Die vom Kunden eingegebenen Rechnungs- und Lieferdaten sind bis zur verbindlichen Bestellung unverbindlich und werden nicht gespeichert.
4. Die Bestellung über die Warenkorbfunktion wird erst verbindlich, wenn der Käufer per Mausklick den Link *Bestellung absenden* betätigt.

Fortsetzung: Information über das Zustandekommen eines Online-Vertrags

Wenn man den Warenkorb aufruft, werden nochmals alle Bestell-, Rechnungs- und Lieferdaten aufgezeigt. Stimmt etwas nicht, können die Daten per Mausklick auf den Link *Bestellung ändern* nochmals geändert werden.

Soll der Bestellvorgang ohne Weiterleitung der Bestellung abgebrochen werden, geschieht dies durch Anklicken des Links *Bestellung abbrechen.* Dies geschieht auch, wenn die Seite über die Windowsfunktion geschlossen wird.

5. Nach Eingang der Bestellung erhält der Kunde eine Eingangsbestätigung. Es handelt sich dabei nicht um die Annahme des Angebots durch unsere Firma. Mit der Eingangsbestätigung werden die Allgemeinen Geschäftsbedingungen sowie die Widerrufs- und Rücktrittsbelehrung übersandt.
6. Wird die Bestellung durch uns angenommen, erhält der Kunde eine Bestellbestätigung und Annahmeerklärung per E-Mail an die von ihm angegebene Mailadresse übersandt.
7. Die Vertragssprache ist deutsch. Anfragen können auch in englischer Sprache gestellt werden.
8. Die Bestellung wird unter dem Link ... gespeichert und kann durch Klicken auf diesen Link jederzeit eingesehen werden. Die Speicherdaten werden nur solange wie nötig von uns vorgehalten.

Vordruckmuster

Ausfuhr- und Abnehmerbescheinigung für Umsatzsteuerzwecke bei Ausfuhren im nichtkommerziellen Reiseverkehr (Anlage 1)

Ausfuhr- und Abnehmerbescheinigung für Umsatzsteuerzwecke bei Ausfuhren im nichtkommerziellen Reiseverkehr (§ 6 Abs. 3 a UStG)

(§ 17 UStDV, Abschnitt 137 Abs. 10 UStR)

A **Angaben des Unternehmers** (Zutreffendes bitte ankreuzen ☒)

Dieser Abschnitt ist leserlich auszufüllen (möglichst in Maschinenschrift oder Druckschrift) und durch <u>Unterschrift</u> zu bestätigen.

1 **Name/Firma und Anschrift des liefernden Unternehmers (Straße, Hausnummer, Postleitzahl, Ort)**

2 **<u>Angaben zur Identität des Abnehmers:</u>**
– Bitte Hinweise auf der Rückseite beachten –

Name, Vorname des Abnehmers im Drittland

Anschrift: Land, Wohnort, Straße, Hausnummer

Pass- bzw. Ausweisnummer:

3 **Gelieferte Gegenstände (oder Hinweis auf beigefügte Rechnungen oder Kassenzettel):**
Für die Angabe der Gegenstände ist die handelsübliche Bezeichnung zu verwenden. Handelsübliche Sammelbezeichnungen reichen aus (z.B. Waschmittel), nicht dagegen Bezeichnungen allgemeiner Art (z.B. Geschenkartikel) oder die Verwendung nicht allgemein verständlicher Abkürzungen. Wird auf beigefügte Rechnungen oder Kassenzettel verwiesen, muss sich die handelsübliche Bezeichnung der Gegenstände aus diesen Belegen ergeben.

☐ **Kaufpreis** (einschl. Umsatzsteuer)

☐ **Entgelt** (Kaufpreis abzüglich Umsatzsteuer)

	Menge	Handelsübliche Warenbezeichnung	EUR	Ct
4				
5				
6				
7				
8				
9		Summe:		

10 **EURO-Betrag aus Nr. 9 in Buchstaben wiederholen.**

11 **Sonstiges (z. B. Angaben zu einer Umsatzsteuererstattung)**

12 **Ort, Datum, Unterschrift des liefernden Unternehmers oder seines Bevollmächtigten**

B **Bestätigungen der Grenzzollstelle/Customs certification/Certificat des douanes**

Kann die Abfertigung zur Ausfuhr für keinen Gegenstand bestätigt werden, erteilt die Grenzzollstelle auch keine Abnehmerbestätigung.

13 Die in Nr. 4 bis 8 bezeichneten Gegenstände wurden/The products specified under Nos. 4 - 8/Les biens indiqués ci-dessus de 4 à 8
– mit Ausnahme der in Nr. ______________ bezeichneten Gegenstände –
(except those listed under No. ______________ /à l'exception des biens figurant sous ______________)

zur Ausfuhr abgefertigt (have been cleared for export/visés pour l'exportation).

14 Die Angaben über den Namen und die Anschrift des Abnehmers (Nr. 2) stimmen mit den Eintragungen in dem vorgelegten Reisepass oder sonstigen Grenzübertrittspapier des Ausführers überein.
Identity and address of foreign buyer (No. 2) are identical to those on passport or travel document.
Les indications ci-dessus concernant le nom et l'adresse du destinataire (no. 2) correspondent aux renseignements inscrits sur le passeport/la pièce d'identité présenté(e) par l'exportateur.

<u>Anmerkung:</u>
Können die Angaben <u>nicht</u> bestätigt werden, ist das Feld 14 durchzustreichen.

15 **Bemerkungen/Remarks/Remarques (Nr. 1 - 14)**

16 **Ort, Datum, Dienststempel/**
Place, Date, Official Stamp/
Lieu, date, cachet du service

C	**In Ausnahmefällen:** **Bestätigung einer amtlichen Stelle der Bundesrepublik Deutschland im Bestimmungsland** (Zutreffendes bitte ankreuzen ☒) **Die Bestätigungen in diesem Abschnitt werden nur erteilt, soweit es dem Abnehmer nicht möglich war, die Bestätigungen der Grenzzollstelle (Nr. 13 und/oder 14) zu erlangen. Hat die Grenzzollstelle in diesen Fällen die Ausfuhr nicht bestätigt und kann auch die amtliche Stelle die Ausfuhr nicht bestätigen, erteilt diese Stelle auch keine Abnehmerbestätigung.**
17	☐ Die Ausfuhr der in Nr. 4 bis 8 bezeichneten Gegenstände kann nicht bestätigt werden. Ort, Datum, Unterschrift, Dienstsiegel
18	☐ Die Ausfuhr der in Nr. 4 bis 8 bezeichneten Gegenstände **innerhalb der Dreimonatsfrist** wird – mit Ausnahme der in Nr. ______________ bezeichneten Gegenstände – (ggfs. streichen) bestätigt.
19	Die Angaben in Nr. 2 ☐ werden bestätigt. ☐ Sie stimmen mit den Eintragungen in dem vorgelegten Reisepass/sonstigen Grenzübertrittspapier überein. ☐ Ihre Richtigkeit ist auf andere Weise festgestellt worden.. ☐ können nicht bestätigt werden..
20	Bemerkungen (zu Nr. 1 bis 12 sowie 17 bis 19)
21	Ort, Datum, Unterschrift, Dienstsiegel

10

Stichwortverzeichnis

11